Eine erfolgreiche Frau klappt zusammen. Nichts geht mehr. Die Diagnose: Burnout. In einer Klinik im Allgäu beginnt sie, einen «Brief an mein Leben» zu schreiben. Präzise analysiert sie ihre Gefühle, stößt auf alte Wunden und macht deutlich, was geschieht, wenn wir ständig unterwegs sind und permanent kommunizieren, aber nicht mehr sagen können, was uns glücklich macht. Miriam Meckel spricht offen über ihren Burnout – und darüber, wie man mit ihm umgehen, ihn überwinden kann.

Miriam Meckel, geboren 1967, studierte Kommunikations- und Politikwissenschaft, Jura und Sinologie und promovierte über das europäische Fernsehen. Sie war Regierungssprecherin des Ministerpräsidenten von Nordrhein-Westfalen, später Staatssekretärin für Europa, Internationales und Medien. Seit 2005 ist sie Professorin für Corporate Communications an der Universität St. Gallen. Sie hat zahlreiche fachwissenschaftliche Publikationen zu Medienthemen veröffentlicht. 2007 erschien ihr Buch «Das Glück der Unerreichbarkeit. Wege aus der Kommunikationsfalle».

«Miriam Meckels Buch protokolliert eine Sprachlosigkeit, die die unsere ist. Es zeigt die Freude am Überwinden von Grenzen und artikuliert zugleich das Unbehagen an einer grenzenlosen Kultur unbegrenzter Möglichkeiten.» (Jens Bisky, Süddeutsche Zeitung)

MIRIAM MECKEL

BRIEF AN MEIN LEBEN

Erfahrungen mit einem Burnout

Rowohlt Taschenbuch Verlag

Veröffentlicht im Rowohlt Taschenbuch Verlag,
Reinbek bei Hamburg, Mai 2011
Copyright © 2010 by Rowohlt Verlag GmbH,
Reinbek bei Hamburg
Alle Rechte vorbehalten
Lektorat Uwe Naumann
Umschlaggestaltung ZERO Werbeagentur, München,
nach einem Entwurf von
ANZINGER WÜSCHNER RASP, München
(Foto: Martin Langhorst)
Satz Adobe Garamond PostScript, InDesign,
bei Pinkuin Satz und Datentechnik, Berlin
Druck und Bindung CPI – Clausen & Bosse, Leck
Printed in Germany
ISBN 978 3 499 62701 9

Das für dieses Buch verwendete FSC®-zertifizierte Papier
Lux Cream liefert Stora Enso, Finnland.

«Wenn das Herz denken könnte, stünde es still.»
Fernando Pessoa,
Das Buch der Unruhe

INHALT

Ein Fenster zu mir 9
Medizinischer Stubenarrest 12
Meine Sinne 24
Lebensentgrenzung 34
Schlaflos im Allgäu 47
Außenwelt und Innenwelt 62
Trennkost und mehr Verbindendes 75
Mein Kategorienfehler 84
Die Leben der anderen 97
Inseln in mir 115
Die Sucht bedankt sich und geht 148
Pflegeleicht 160
Funktionieren und Leben 168
Inneneinsichten 181
Wer ist mein Freund? 195
Texturen 206
Liebes Leben 215

Anmerkungen 221

EIN FENSTER ZU MIR

Ich stehe am Fenster. Im Zimmer ist es dunkel. Draußen auch. Langsam kommt das erste diffuse Licht. Über der Landschaft liegt ein dicker Nebel. Ich kann nicht einmal die nahen Hügelketten erkennen, geschweige denn die Gebirgszüge der Alpen in der Ferne. Als hätte sich eine Gaze über diese Landschaft gelegt. Aus dem Wald heraus rechts von mir wächst eine Baumgruppe wie eine gestreckte Landzunge in die freie Wiese hinein. Sie kann ich sehen. Eine Reihung von schwarzen Bäumen, einer neben dem anderen, rechts dicht beieinander, links zur Spitze der Flucht hin vereinzeln die Bäume.

Ich stehe nah am Fenster. Durch die Scheibe hindurch spüre ich, dass es draußen kalt sein muss. Mein Atem lässt die Scheibe beschlagen und einen runden Fleck entstehen. Wenn ich durch diesen Fleck auf die Welt schaue, sehe ich alles wie in Watte gehüllt. Selbst die Bäume, die am nächsten bei mir sind, bleiben dann verschwommen.

Kein Geräusch dringt von außen zu mir, und auch hier bei mir ist es still. Ich höre ein leichtes brummendes Rauschen, das kommt und geht. Es nistet in meinem linken Ohr und gehört zu mir, ich habe mich längst daran gewöhnt. So stehe ich und schaue in den Nebel. Der Fleck, den mein Atem an die Scheibe wirft, schrumpft mit jedem Atemzug, den ich tue, ein wenig, um sich dann wieder zu vergrößern, wenn ich meinen Atem fließen lasse. Wie ein pulsierendes Organ, das sich ausdehnt und wieder zusammenzieht.

Ich hocke mich vor das Fenster, das bis zum Boden reicht. Jetzt versperrt mir die Balkonbrüstung noch die letzte Sicht auf die Bäume, die ich sehen konnte. Ich schaue in das konturlose, matte Weiß des Nebels. Da ist nichts, nur dieses dumpfe Weiß. Ich versuche, meinen Blick zu fokussieren, irgendetwas zu erkennen, Unterschiede in dieser großen weißen Fläche auszumachen, aber es gelingt nicht. Alles sieht gleich aus. Das Auge hat nichts, woran es sich festhalten kann, und schlingert durch den Nebel. Ich könnte jetzt überall sein. Im Gebirge, auf dem Meer, auf einer Autobahn. Um mich ist nur weiß.

Wenn ich mich konzentriere und lange auf eine Stelle schaue, sehe ich irgendwann kleine dunkle Punkte, die langsam wandern. Es sind keine Objekte im Außen, die ich nun beobachten kann, sie sind in mir. Kleine Partikelchen in meiner Tränenflüssigkeit, die durch das Öffnen und Schließen meiner Augen durch ihre Welt gewirbelt werden, um sich dann langsam wieder auf die Reise zu einem unbestimmten Zielpunkt zu machen, von oben nach unten, von links nach rechts. Wenn ich mich auf diese kleinen grauen Punkte konzentriere, bewegt sich wenigstens etwas in der Starre des Nebels.

So am Boden ist es nicht lange auszuhalten. Ich richte mich wieder auf. Jetzt sind die Bäume wieder da. Aber der Nebel bleibt undurchdringlich. Nur etwas heller ist es geworden. Rechts, dort, wo die Bäume dicht stehen, sehe ich ein Licht. Es bewegt sich. Das muss ein Auto sein, das eine kleine Straße entlangfährt. Die Straße kann ich von meiner Beobachterposition aus nicht erkennen, aber sie ist da. Ich kann auch die Lichter des Autos nicht sehen, sondern nur das, was sie erleuchten. Zwischen den Bäumen flammt immer wieder ein Lichtfleck auf, der dann für einige Sekunden einen Schneehügel aus dem Nebel hervorhebt. Ein sporadisches Licht, das von rechts nach links wandert. Dann ist es wieder verschwunden.

Es ist noch heller geworden. Und jetzt sieht es für mich so aus, als gäbe es eine Bildstörung in dieser Landschaft. Ich schaue genauer hin. Vor dem Hintergrund zweier großer schwarzer Bäume sehe ich, dass es schneit. Es ist nicht nur der Nebel, der alles optisch verhüllt. Nun legt sich eine weiche, kalte Schicht auf diese Welt. Deshalb ist es so still. Wenn Schnee fällt, ist es immer ganz besonders still.

Ich bin müde. Ich könnte noch etwas schlafen. Wenn die Welt so still ist, verpasse ich nichts.

MEDIZINISCHER STUBENARREST

Ich soll nicht schlafen. Nachts schon, aber nicht tagsüber. Vor allem nicht während dieser beiden Tage meines kommunikativen Stubenarrests. «Inaktivitätstage» heißen die hier eigentlich. Dahinter verbergen sich Minuten, Stunden und Tage, in denen man auf dem Zimmer bleibt und aus dem Fenster schaut. Keine Gespräche mit anderen, nichts lesen, kein Fernsehen, keine Musik hören. Handy und Laptop bleiben ausgeschaltet im Schrank. Als ich zum ersten Mal von diesen Inaktivitätstagen gehört habe, nahmen sie mich gleich gefangen, aus Angst und aus Faszination. Ich wusste sofort, dass ich mit an Sicherheit grenzender Wahrscheinlichkeit diesen kommunikativen Stubenarrest verordnet bekommen würde. Ich weiß ja, was mir schwerfällt.

Es ist acht Uhr zwölf. Ich bin leicht unruhig. Um mich herum sind die anderen langsam aufgewacht. Ich höre Duschwasser fließen, Toilettenspülungen, immer wieder das leicht klirrende, durchdringende Geräusch, das entsteht, wenn man das Zahnputzglas etwas zu schwungvoll auf die Keramikablage stellt. Die Welt wacht auf, meine kleine Welt, in der ich mich doch inzwischen so gut zurechtgefunden habe, dass ich mich freue, morgens zum Frühstück in den Speisesaal zu gehen, mein Dinkelmüsli zusammenzubasteln, um es dann mit kleinen, zu Tagesbeginn noch seichten und leichten Gesprächsfetzen garniert zu essen.

Heute nicht. Heute bleibe ich auf meinem Zimmer und frühstücke hier. Ich habe mir gestern vorsichtshalber alles mitgenommen, was ich dafür brauche. Eigentlich sollte mir das Essen gebracht werden. Aber da ich eine besondere Schonkost essen muss, die schon unter der Voraussetzung meiner physischen Anwesenheit im Speisesaal größeren Einsatz erfordert, bis die Küche das Richtige rausrückt, verlasse ich mich lieber nicht darauf. Wahrscheinlich habe ich damit schon einen Teil der Übung vergeigt, aber das ist mir egal. Wenn ich sonst schon nichts darf, will ich nicht auch noch den ganzen Tag Hunger haben.

Warum sind diese Tage überhaupt eine Herausforderung? Ich muss nicht raus in den Nebel und die schneeige Kälte, ich muss keinen Sport machen, ich muss mich um nichts kümmern. Ich darf sozusagen medizinisch verordnet faul sein. Ich darf, oder ich muss? Eigentlich kann ich das gut, Stunden über Stunden bei mir zu Hause auf dem Sofa liegen und lesen. Das ist mein Traumsonntag. Nichts tun und den ganzen Tag lesen. Dazu schöne klassische Musik, gelegentlich ein Blick in die E-Mails, um mit der Außenwelt in Kontakt zu bleiben. Manchmal schreibe ich auch gerne zwischendurch, eine Kolumne für die Zeitung oder ein neues Posting für mein Weblog. Und dann koche ich etwas Leckeres. So hat ein fauler Tag eine ganze Menge Bestandteile, über die ich mir gerade klar werde und die alle einzeln und in ihrer Gesamtheit durchaus ein Aktivitätsniveau spiegeln, das mir immer neuen Input gibt und mich gedanklich in Bewegung hält.

Bei genauerem Nachdenken fällt mir auf, dass ich an meinen faulen Tagen eigentlich immer permanent online bin. Der Laptop steht aufgeklappt auf dem Tisch, und gelegentlich werfe ich einen Blick in die elektronische Post, schaue etwas im Internet nach oder aktualisiere meinen Status bei Facebook. Ich mache das nicht ständig. Ich habe schließlich verstanden, dass es unklug, manchmal gar zersetzend ist, sich andauernd selbst unterbrechen zu lassen. Aber womöglich reicht schon der Grundzustand des «Angeschlossenseins», um den Tag, an dem ich faul sein möchte, zu verändern und zu einem Aktivitätstag werden zu lassen. Der kontinuierliche Zustand möglicher Kommunikation verändert, ja, verhindert die Momente der tatsächlichen kommunikativen Abgeschiedenheit. Deshalb sitze ich nun hier am Fenster und starre in den fallenden Schnee.

Habe ich also Angst vor Langeweile? Nein, das ist es nicht. Langeweile ist das einzige Gefühl, der einzige Empfindungszustand, von dem ich glaube, dass ich ihn wirklich nicht kenne. Ich kenne die innere Unruhe, das Abschweifen und Abgelenktsein, wenn ich langatmigen Ausführungen folgen soll, deren Ziel und Zweck ich längst glaube verstanden zu haben und die mir die Zeit rauben für Dinge, die mich beschäftigen und mir wichtiger erscheinen. Ist das Langeweile? Ich glaube nicht. Langeweile ist ein Gefühl, das entsteht, wenn die Zeit lang wird, wenn sie sich dehnt und dehnt, ohne dass etwas für mich darin läge, das ihr Vergehen berechtigt. Wenn ich nichts mit mir anzufangen weiß, keine Idee habe, wie ich die Zeit füllen könnte. Das ist Langeweile. Diesen Zustand erreiche ich nicht.

Er kann gar nicht erst entstehen, weil ich immer im Spannungsfeld eines Überangebots von möglichen Aktivitäten, von Dingen, die mich interessieren und neugierig machen, und einem Unterangebot von zur Verfügung stehender Zeit lebe. Es ist immer zu wenig Zeit für die vielen Dinge, die ich tun und erkunden möchte. Also habe ich irgendwann angefangen, alles gleichzeitig zu tun. Das nennt man dann Multitasking, und ich weiß, dass ich als Mensch dazu gar nicht in der Lage bin.

In meinem letzten Buch[1] habe ich ausführlich beschrieben und begründet, warum das menschliche Gehirn nicht multitaskingfähig ist. Wir prozessieren in unserem Kopf nämlich alle Gedanken seriell, nicht parallel, so wie die Computer auch. Wenn wir glauben, wir täten Dinge gleichzeitig, erledigten mehrere Aufgaben in derselben Zeit, dann produzieren wir für uns selbst nur die Illusion der Gleichzeitigkeit. Tatsächlich springt unser Gehirn zwischen den verschiedenen Aufgaben hin und her, erledigt hier ein bisschen und dort ein bisschen, immer im Wechsel. Das kostet Kraft und Zeit. Deshalb werden wir durch das vermeintliche Multitasking nicht schneller und besser, sondern langsamer und müde im Kopf. All das weiß ich. All das habe ich ausgiebig recherchiert. Über all das habe ich geschrieben. Zwischen Wissen und Anwenden klafft im Leben häufig eine tiefe Kluft. Und aus Wissen entsteht nicht zwangsläufig Veränderung. Das geschieht sogar sehr selten.

In bin seit langem in einem Zustand, der mit Konzentrationsschwierigkeiten noch sehr dezent beschrieben ist. Mein Kopf brummt, so könnte ich es umgangssprachlich beschreiben. Er ist einfach immer übervoll, und es gelingt mir nicht, einen Teil der Impulse und Gedanken so abzuleiten, dass ich mich auf den verbleibenden Teil wirklich konzentrieren kann. Oft habe ich das Gefühl, in meinem Kopf würden «Die vier Jahreszeiten» von Vivaldi gleichzeitig abgespielt, gelegentlich auch in doppelter Geschwindigkeit. So wie man früher als Kind an den alten Plattenspielern die LP statt mit den vorgegebenen 33 Umdrehungen auf Singlegeschwindigkeit mit 45 abgespielt hat. Alles klingt etwas schnell, schrill, Mickey-Mouse-artig. Es tut ein bisschen weh in den Ohren, man erkennt hauptsächlich noch die akustischen Spitzen der Musik und verpasst vor allem die Schönheit des Klangs, die leiseren Töne, die besonderen Tonfolgen, die sich langsam aufbauen, um die Führungsmelodie des Stücks herauszuarbeiten. So ist es auch in meinem Kopf. Mir fehlt die Führungsmelodie.

Seit Monaten schon gelingt es mir nicht mehr, mich länger als einige Minuten mit einer Sache zu beschäftigen. Wenn ich lese, merke ich plötzlich, dass ich ein anderes Problem in meinem Kopf durchdenke, während meine Augen weiter die Zeilen verschlingen. Manchmal weiß ich dann noch, worum es ungefähr in dem gerade gelesenen Abschnitt geht, oft ist nicht einmal das der Fall. Also gehe ich im Text zurück und lese nochmals, nicht ohne die Gefahr, dass mir exakt das Gleiche wieder passiert. Immer wieder springe ich während des Lesens auf, weil mir etwas einfällt, das mit dem Gelesenen nichts zu tun hat, wohl aber mit einem der vielen anderen Themen, die mich ansonsten gerade noch beschäftigen. Weil ich weiß, dass ich diesen Gedanken vergessen werde, schreibe ich ihn lieber gleich auf. Wieder ist das Lesen unterbrochen, ich muss zum Inhalt des Textes zurückkehren und den Faden wiederaufgreifen. Gelegentlich lasse ich mich schon in diesem Moment wieder von mir selbst ablenken.

So wird das Lesen zu einer zähen, verwirrenden Fortbewegung in kleinen Rückkoppelungsschleifen entlang der

Struktur eines Textes. Bei wirklich komplizierten Texten, wie ich sie berufsbedingt häufig lesen muss, theoretischen Abhandlungen zum Beispiel, muss ich eine enorme Energie aufwenden, um wenigstens für einige Abschnitte in diesem Text zu bleiben. Das Lesen erschöpft mich so, dass ich sofort Hunger bekomme. Das Essen vergesse ich dann allerdings wiederum über die Dinge, die mir zwischendurch oder auf dem Weg in die Küche eingefallen sind.

Wenn ich einem Vortrag oder anderen längeren Ausführungen eines Menschen folge, habe ich ähnliche Konzentrationsschwierigkeiten. Meine Gedanken floaten durch den Raum, springen vor und zurück und nehmen vorweg, was der Redner vermutlich sagen und worauf er hinauswill. Ab diesem Zeitpunkt kann ich mich gar nicht mehr konzentrieren. Thema abgehakt. Dann greife ich zum BlackBerry, um meinen Kalender und meine Aufgaben zu durchforsten, oder nehme mein kleines schwarzes Moleskin-Büchlein zur Hand, in das ich alles notiere, was mir einfällt und ich für wichtig halte. So kommen mir Ideen für laufende Projekte, ich schreibe schnell einen kurzen Text nieder, den ich später in eines meiner Buchprojekte integriere, oder ich mache eine Skizze für die Lösung eines anstehenden Problems.

Und wenn mir gar nichts anderes mehr einfällt, mache ich To-do-Listen. Dabei spüre ich, dass diese Listen eine Entlastungsfunktion haben: Sie suggerieren mir, ich sei im Zustand des «Dingeerledigens», und sei es nur dadurch, dass ich sie aufschreibe, weil sie noch später meine Aufmerksamkeit brauchen werden. Sie erlauben mir auch, die laufenden Gedanken zu dem, was ich noch zu erledigen habe, zwischenzeitlich an das Moleskin-Büchlein zu delegieren. Wenn sie notiert sind, bleiben sie und werden nicht vergessen, dann kann mein Gehirn sie endlich loslassen, und es entsteht etwas mehr Raum und Ruhe für das, worauf ich mich eigentlich gerade konzentrieren soll, zum Beispiel auf den Menschen, der da vorne jetzt redet und meine Aufmerksamkeit verdient hätte.

In ganz intensiven Momenten zeigt sich diese Fokussierungsschwäche meines Gehirns auch optisch. Dann schaue ich auf eine Gruppe von Gegenständen, und es gelingt mir nicht, einen von ihnen in meiner Wahrnehmung hervorzuheben. Wenn ich es versuche, wachsen alle Gegenstände auf mich zu, als Gruppe, die sich nicht voneinander trennen lässt. Ich zoome dann das ganze Bild für mich heran, in mein Gehirn hinein, aber es bleibt eine optische Masse. Dieses Phänomen, das bislang nur eine dumpfe, verschwommene Empfindung und Erfahrung ist, wird mir erst klar, als ich bei meinem Arzt im Zimmer sitze und längliche Holzklötze gruppieren soll. Jedes der Holzstücke steht für einen Teil meiner Identität. Ich stelle die Klötze auf, schiebe hin und her. Und dann soll ich über die Prioritäten und Rangfolgen nachdenken, um womöglich noch einmal zu korrigieren.

Ich starre auf die Gruppe von Holzstücken und versuche, einen bestimmten Klotz zu fokussieren. Es gelingt nicht. Wenn ich versuche, mich zu konzentrieren, wachsen alle Holzstücke auf mich zu, bleiben in einer diffusen Gruppe. Wenn ich mich wieder entspanne, ziehen sie sich zurück, wieder gemeinsam. Ich könnte froh sein. Ich könnte einfach daraus schließen, dass ich für mich eine ganzheitliche Identität entwickelt habe, in der alle Bestandteile wichtig sind, worin alle integriert sind und zusammengehören. Tatsächlich ist das nicht so. Es gibt Prioritäten und Rangfolgen, und ich weiß das auch. Ich weiß sogar, dass ich den einen oder anderen Bestandteil gerne zurückdrängen oder ganz loswerden möchte. Aber ich kann es nicht. Mein inneres Auge zoomt ein und aus, immer das ganze Bild. Nach mehreren Versuchen ist mir heiß und leicht schwindelig. Das Detail bleibt im Ganzen versteckt. Mir fehlt die Konzentration und Kraft, das Einzelne aus dem Gesamten hervorzulocken und herauszulösen.

Es ist acht Uhr achtundfünfzig. Nicht mal neun Uhr. Ich habe inzwischen mehrfach darüber nachgedacht, ob ich nicht einfach ein bisschen lesen soll. Es merkt ja keiner. Ich bin allein. Niemand kann kontrollieren, ob ich in diesen Tagen gelesen habe oder nicht. Ich habe wunderbare Bücher hier, auf die ich mich schon seit langem freue. Zwei davon habe ich angefangen zu lesen und bin neugierig, wie die Geschichten und das Argument weitergehen werden. Ein bisschen lesen und mich dann wieder ans Fenster setzen, so schlimm kann das ja wohl nicht sein. Schwachsinnige Idee überhaupt, an einem Sonntag mit diesem kommunikativen Stubenarrest zu beginnen.

Nicht lesen zu dürfen, damit verlangen sie mir hier etwas Schlimmes ab. Ich lese, wo ich gehe und stehe, im Zug, im Flugzeug, in der Warteschlange an der Kasse, in jeder freien Minute zu Hause oder zwischen den Vorlesungen. Ich lese Zeitungen, Magazine und natürlich Bücher in rauen Mengen. Ich sauge alles in mich ein. Heute nicht. Heute soll ich aus dem Fenster schauen und warten, was mit mir geschieht. Im Moment werde ich sauer, weil ich nicht lesen darf, an einem Sonntag, der sonst mein besonderer Lesetag ist.

Wenn ich wenigstens Musik hören könnte. Ich liebe es, gleich am Morgen nach dem Aufstehen meine Stereoanlage anzuschalten und dann klassische Musik zu hören. Erst gestern habe ich mir drei neue CDs gekauft, Violinsonaten von Schumann und Schubert. Ich kann mich jetzt auf sie freuen, wenn ich sie in einigen Tagen endlich hören darf. Heute bleibt es hier still. Auch auf das Fernsehen muss ich verzichten. Das fällt mir wirklich leicht. Zugegeben, ich hätte heute Abend sicherlich den «Tatort» geschaut. Das ist eines meiner kleinen Sonntagsfernsehrituale, und es reicht für die ganze Woche. Es ist als Verzicht harmlos gegenüber den anderen beiden Verzichten, dem Lesen und der Musik.

Ich verstehe ja, um was es hier geht. Ich soll alle äußeren Reize ausschalten, die ich immer im Übermaß in mich aufnehme, um mich auf mein Inneres zu konzentrieren. Um einen Raum in mir entstehen zu lassen und zu öffnen, in den ich dann blicken kann, um zu empfinden und zu verstehen. Es wäre schön, wenn das gelänge, aber der Weg dahin ist nicht leicht. Dieser Raum entsteht nicht, indem ich ihn öffne. Er entsteht, indem ich darauf verzichte, eben das immer wieder zu versuchen.

Viertel nach neun. Jetzt habe ich mir erst mal einen Tee gemacht. Zum Glück habe ich dafür vorgesorgt. Seit ich keinen Kaffee mehr trinken darf, ist Tee für mich lebenswichtig geworden. Ich habe ein intensives Gefühl zum Tee entwickelt, eine genussvolle Haltung. So wie zu gutem Wein, aber den darf ich derzeit leider auch nicht trinken. Mit einer Tasse guten Assam-Tees starte ich ganz anders in den Tag. So mache ich es auch hier. Hätte ich nicht einen kleinen Wasserkocher auf mein Zimmer geschmuggelt, wäre ich verloren.

Es gibt auch beim Frühstück eine Teebox mit zahlreichen Variationen, darunter sogar ein Ceylon-Assam, aber natürlich im Beutel. Wer einmal losen Tee versucht hat, mag nie wieder Beutel. Das Schlimmste aber ist: Der Ceylon-Assam schmeckt nach Pfefferminz. Ich vermute, es ist gar nicht der Tee selbst, der so schmeckt. Wahrscheinlich sind Pfefferminztee-Rückstände in den Kannen, im Wasserbehälter, wo auch immer. Aber jedes Mal, wenn ich den Tee trinke, muss ich an Jugendherberge denken. Da gibt es immer Pfefferminztee, und ich habe ihn mein Leben lang noch nie gemocht. Das stimmt nicht ganz. Ich habe dieses Pfefferminztee-Leben nie gemocht, das aus Birkenstockschuhen, Wollpullovern und kreisförmigen Diskussionsgruppen besteht, in denen man erst mal ein aufmunterndes Feedback geben muss, bevor man sagen darf, dass eine Idee wirklich blödsinnig ist. Der Tee ist eigentlich lecker, er kann gar nichts dafür. Ich habe ihn einfach im falschen Erinnerungskontext verankert. Deshalb ist es trotzdem gut, dass ich mir meinen Lieblingstee aus meinem kleinen Teeladen in St. Gallen mitgebracht habe, einen Broken Assam aus Tansania, volles, malziges Aroma. Wenn ich davon morgens eine Tasse getrunken habe, abgestimmt mit etwas Sojamilch, geht der Tag gut los.

Für ein solches kleines, aber lebenswichtiges Vergnügen nehme ich auch einen Regelverstoß in Kauf. Wasserkocher sind auf den Zimmern verboten. Ich weiß nicht genau, warum. Vermutlich aus brandschutztechnischen Gründen. Ich verstecke meinen Wasserkocher daher jeden Morgen nach seinem Einsatz wieder im Schrank. Dort stehen auch der Tee und die Sojamilch, die zum Glück auch ungekühlt eine Weile haltbar ist. Würde die Putzfrau einen Blick in den Schrank werfen und eins und eins zusammenzählen, wäre sofort alles klar. Tut sie aber nicht. Vielleicht hat sie auch alles längst entdeckt und schweigt aus stiller Sympathie.

MEDIZINISCHER STUBENARREST

Ich sitze mit meiner Tasse Tee am Fenster auf dem hölzernen Ablagetisch. Wenn ich in dem gemütlichen Ohrensessel Platz nehme, gucke ich frontal auf die Balkonwand, darüber sehe ich nur gräulich weißen Himmel. Ich kann dann nicht mal erkennen, dass es schneit. Es macht mich unruhig, in diese weiße wattige Masse ohne jede Kontur zu starren. Ein deprimierender Blick. Dann sitze ich lieber in unbequemerer Position auf dem Holztisch, die Beine im Schneidersitz, fast in Yogahaltung. So kann ich den Schnee fallen sehen vor den schwarzen Bäumen. Wenigstens bewegt sich dann etwas.

Ich konzentriere mich wieder auf die Flecken in den Augen. Vorhin waren es einige wenige kleine graue Punkte, die auf meinen Augen hin und her gereist sind. Jetzt sind es ganze Geflechte aus Fäden, Linien, Formationen, die sich vor und zurück bewegen. Ich mache ein kleines Spiel mit mir selbst. Wenn ich meine Augäpfel schnell von links nach rechts und zurück bewege, führen die Figuren vor meinen Augen einen ausgelassenen, schlackernden Tanz auf. Sie schwingen nach rechts und nach links, immer einen Teil ihrer selbst nach sich ziehend. So wie Gummimenschen mit besonders biegsamer Taille. Jetzt versuche ich, einzelnen Punkten mit dem Blick zu folgen. Natürlich gelingt das nicht. Die Punkte spiegeln kleine Stoffpartikel in meiner Tränenflüssigkeit auf meiner Hornhaut. Wenn ich fokussiere und die Augäpfel bewege, verändert sich die Tränenflüssigkeit und schwemmt die Punkte davon. Ich versuche es trotzdem immer wieder. Vielleicht bin ich einmal mit dem Blick schon da, wenn der Punkt noch nicht weg ist. Aber es klappt nicht. Dieses Spiel scheitert in sich. Die Spielfiguren sind von mir abhängig. Wenn ich mich bewege, bewegen sie sich auch. Wie sollen sie mich dann austricksen und überraschen können?

MEDIZINISCHER STUBENARREST

Mir ist ein bisschen flau und schwindelig von diesem Spiel. Ich wende meinen Blick vom Draußen ab und schaue auf meine Teetasse. Sie ist normalerweise einfach ein Gefäß, ein Trinkutensil. Den Tee darin genieße ich mit meinem Geschmackssinn, ich schaue ihn nie an. In Ermangelung anderer Alternativen und mit aufsteigender Verzweiflung starre ich auf den Tee. Er hat eine schöne, warme hellbraune Farbe. Und ich kann selbst am Tee sehen, wie kalkhaltig das Wasser hier ist. Oben auf dem Tee schwimmen kleine Partikel, Kalkbruch sozusagen, der entweder einfach im Teewasser war oder sich von den Heizstäben des Wasserkochers gelöst hat. Vermutlich beeinträchtigt das den Geschmack, aber ich merke nichts. Der Tee ist heiß und lecker, er wärmt mich von innen, wenn ich ihn in kleinen Schlucken trinke. Dann kann ich auch den Geschmack am besten auskosten. Kleine Schlucke, die ich einen Moment im Mund herumwirble. Das kann ich im Speisesaal so nicht machen, es sieht immer aus, als hätte ich zwei Mandarinen im Mund. Ich glaube, andere Menschen fänden das auch unhöflich. Aber es ist die beste Art, Tee zu genießen.

Meine Tasse hat braune Ränder. Ich könnte mal runter an die Wassertheke gehen und sie gründlich spülen. Das wäre wohl notwendig. Aber dann werde ich von anderen Menschen angesprochen, und ich soll ja nicht reden. Ich darf gar nicht aus meinem Zimmer gehen. Bleibt die Tasse eben so. Auch egal. Ich habe Hunger. Natürlich bringt mir niemand Frühstück aufs Zimmer. Ich könnte mir einfach ein Müsli machen. Es ist kurz vor zehn.

MEINE SINNE

Mal sehen, was ich so in meiner Frühstückstüte versteckt habe. Ich stehe am Fenster und bereite mein Müsli zu, ein paar getrocknete Cranberries und Gojibeeren liegen schon in der Glasschüssel, ich schaue nochmal genauer hin. Da bewegt sich etwas. Ein kleines, vielleicht drei Millimeter langes silbergraues Tierchen liegt in der Schüssel. Ich schubse es mit dem Stiel meines Löffels an, und es bewegt sich wieder. Was macht das Tier in meinem Müsli? Es muss in einer der Tüten mit den Beeren überlebt haben. Ich muss kurz lachen bei der Überlegung, dass dies die erste Ration Fleisch wäre, die ich seit Wochen zu mir nähme. Aber ich finde es jetzt schon ein bisschen eklig. Das Tier muss weg, und ein Stück Toilettenpapier hilft mir, ihm ein unwürdiges Ende zu bereiten. Ich ertappe mich dabei, wie ich jede getrocknete Beere, die bereits ihren Weg in meine Schüssel gefunden hat, nochmal aufpicke und von allen Seiten betrachte. Da scheint nichts mehr zu sein. Ich esse mein Müsli mit Dinkelflocken und Sojamilch und schaue weiter aus dem Fenster.

Da draußen ist nichts. Bäume, Schnee, der die Hügel bedeckt und weiter vom Himmel fällt. Während ich esse, finde ich mich ganz schön laut vor dieser Stille da draußen. Es knirscht, kracht und schäumt in meinem Mund, und ich bin mir selbst eine Lärmbelästigung. Sonst höre ich das nie, weil bei mir immer Musik läuft. Wenn genug Außengeräusche da sind, werden die Geräusche in meinem Inneren überlagert. Jetzt höre ich sie gnadenlos. Schön klingt das nicht, aber wahrscheinlich klänge es für Außenstehende anders als für mich. In mir hallt das Knirschen und Krachen wider und findet einen besonderen Resonanzraum. Draußen kommen sicher nur leichte Essgeräusche an. Aber das kann ich nicht überprüfen. Ich kann ja nicht aus mir heraus, um mir von draußen zuzuhören. Ich bin akustisch in mir selbst gefangen.

Ich starre weiter in diese trübe, milchig weiße Landschaft. Meine Güte, wenn heute Totensonntag wäre, ich würde es sofort glauben. Da ist wirklich nichts. Zwischendurch muss ich mich in meiner Sitzposition immer wieder neu arrangieren, sonst schlafen mir die Beine ein auf diesem Holztisch. Ich sitze etwas schräg, weil der Tisch nicht tief genug ist. Dadurch drückt mein rechtes Knie immer wieder an die Fensterscheibe. Kalt ist die. Ich rücke ein bisschen ab, verlagere mich nochmal. Da geschieht draußen etwas. Von rechts kommen zwei Gestalten direkt aus dem Wald, schnell sind sie, laufen quer über die Wiese vor mir.

Das sind keine Menschen, das sind zwei Rehe! Ästhetisch sieht es aus, wie sie mit ihren Körpern abrollen in der Luft, einen Bogen herstellen, der sich mit jedem Sprung auf- und wieder abbaut. Grazil wirkt das, einfach schön zu beobachten. Als die beiden Tiere den Weg erreichen, der mit Holzstäben auf beiden Seiten vom Rest der Wiese abgegrenzt ist, scheint es, als wollten sie sich für die Teilnahme am Riesenslalom bewerben, so springen sie um die Stäbe herum. Vielleicht ist das ein Spiel, so wie auch Kinder es spielen? Ich folge den

MEINE SINNE

Rehen, solange ich sie sehen kann. Dann verschwinden sie links in der Fläche hinter einem Hügel. Vielleicht ist heute doch ein besonderer Tag?

Vorgestern waren wir in der Gruppe draußen im Wald, um einige Übungen zu machen. Da hat eine Frau erzählt, sie habe am Vortag zwei Rehe gesehen. Womöglich gar diese beiden. Unser Arzt sagte, Rehe bringen Glück. Der, dem sie sich zeigen, ist etwas Besonderes. Ich sehe häufiger Rehe, im Wildpark Rotmonten in St. Gallen. Aber da sind sie in einem Gehege und zeigen sich nicht mir. Vielmehr zeige ich mich ihnen, ob sie wollen oder nicht. Diese hier sind in der freien Wildbahn vorbeigelaufen, und ich habe sie beobachten dürfen.

Jetzt bin ich ganz auf das Geschehen draußen konzentriert. Was mag als nächstes kommen? Es sind zwei Spaziergänger, die genau dort auftauchen, wo die Rehe ins Nichts verschwunden sind. Ihre Wege müssten sich gekreuzt haben, aber das ist nur die Vermutung einer fernen Beobachterin. Die Menschen gehen schnell. Ich kann nicht viele Details erkennen, sie bewegen sich durch die Landschaft wie zwei dickere kurze Striche, die manchmal hintereinander verschwinden. Im Vergleich zu den Rehen wirken sie plump, so als hätten sie ein viel gröberes Raster der Bewegungsabläufe, als müssten sie zwischen zwei abfolgenden Bewegungsstufen eine viel größere Übersetzung überwinden. Es ist, als würden im Bewegungsapparat der Rehe viele kleine Zahnräder ineinandergreifen, sodass der Beobachter eine stufenlose Bewegungsabfolge sieht. Bei den Menschen müssen es größere Räder sein. Die beiden bleiben stehen. Der rechte scheint etwas mit dem Fuß in den Schnee zu malen, vielleicht schiebt er auch nur seinen Fuß verschämt im Schnee hin und her.

MEINE SINNE

Sie scheinen zu diskutieren, dann schubsen sie sich und ziehen sich wieder aneinander heran, vielleicht küssen sie sich auch. Sie verschwinden rechts hinter einem Hügel.

In diesem Augenblick erscheint links wieder ein Mensch, an derselben Stelle, an der zuvor das Paar aus der Landschaft herausgetreten ist. Ich sehe jetzt den Rücken eines Riesen vor mir liegen, die Hügel sind seine Rückenmuskulatur, die nach links in ein riesiges verschneites Hinterteil ausläuft. Die Menschen, die von links kommen, treten aus der Poritze des Riesen in die Welt. Das ist zugegeben ein etwas seltsamer Gedanke. Aber je länger ich in diese Landschaft starre, desto seltsamere Formen sehe ich, und desto wildere Assoziationen kommen auf.

Der Mensch, der gerade dem Hintern des Riesen entstiegen ist, macht schnell vorwärts. Es ist ein Jogger. Da draußen muss es ganz schön glatt sein. Die ganzen vergangenen Tage hat es tagsüber getaut und nachts gefroren. Viele Wege sind vereist und spiegelglatt. Ob er diese speziellen Laufschuhe mit Spikes darunter hat? Jedenfalls kommt er zügig voran. Jetzt sieht es so aus, als würde er in den Boden hineinlaufen. Seine Beine verschwinden, dann sein Unterkörper, dann der Oberkörper, so als hätte jemand an dieser Stelle begonnen, den Weg als abfallenden Schützengraben in die Erde zu treiben. Schließlich macht sein Kopf eine halbe Drehung und läuft wieder zurück. Der Jogger ist den Berg hinab eine Linkskurve gelaufen und verschwindet nun hinter dem Hügel.

Jetzt bin ich doch erstaunt, was ich alles da draußen beobachten kann. Ich muss nur frei sein von alledem, was meine Sinne permanent mit Reizen überflutet, dann nehme ich ganz anders und ganz neue Dinge wahr. So wie bei einer

Wahrnehmungsübung vor zwei Tagen. Dabei stehen wir draußen auf der Liegewiese, die im Sommer ein Traum sein muss und von der aus man freien Blick auf den Alpenkamm hat. Und dann konzentrieren wir uns, jeder für sich, nacheinander auf unsere einzelnen Sinne. Erst das Sehen, dann das Hören, dann das Spüren. Das Sehen klappt noch ganz gut. Ich muss etwas blinzeln, weil mir Zwielicht entgegenschlägt aus einer Wolkendecke, die an einigen Stellen so dünn ist, dass die Sonne bald durchkommen wird. Aber ich kann gut sehen und schaue auf die Alpen.

Genau vor mir erhebt sich der Widderstein mit mehr als 2500 Metern. Mit ein wenig Phantasie erinnert er an das Matterhorn, die Spitze leicht abgeknickt, so als neige sich der Berg, weil er sich selbst zu schwer geworden ist. Das Matterhorn liegt ganz woanders. Ich glaube, *die* Alpen zu sehen, und sehe doch nur die erste Gebirgskette. Ich sehe also etwas Ganzes, das doch nur Teil von etwas viel Größerem ist. Dieses Etwas ist das Ganze, das ich mit meinen Augen – jedenfalls von meinem derzeitigen Standpunkt aus – nicht erfassen, sondern nur durch einen Blick auf eine Karte der Alpen verstehen kann.

«Die Landkarte ist nicht die Landschaft.» («The map is not the territory.»[2]) Dieser Satz, der in der Erkenntnistheorie den Unterschied zwischen der Bezeichnung und dem Bezeichneten so plastisch auf den Punkt bringt, stimmt hier in doppeltem Sinne. Im erkenntnistheoretischen und sprachwissenschaftlichen Denken steckt im Bezeichneten anderes und mehr, als die Bezeichnung mir signalisieren kann. Hier ist es umgekehrt. Ich könnte auf der Karte sehen, wie sich die Alpen in zahlreichen Ketten durch den Süden Deutschlands ziehen. Nur eine davon vermag ich mit bloßem Auge zu erkennen. Aber sie ist dafür um ein Vielfaches schöner als jede schematische Darstellung, die mir zwar die Geografie und Topografie verdeutlichen, aber niemals die Schönheit eines Berges in der Morgensonne vergegenwärtigen kann.

Und während ich den Berg vor mir anschaue, kann ich beobachten, wie dort hinten in der Ferne tatsächlich die Sonne durch die Wolken bricht. Auf der linken Seite des Gipfels fängt eine riesige Schneefläche an zu blinken und zu glitzern, so als hätte jemand Unmengen flüssigen Goldes in die Landschaft gegossen. Ich beobachte das eine Weile, bis die Sonne sich wieder etwas zurückzieht, und schaue mir dann noch den weiteren Verlauf der Alpenkette an. Überall kann ich helle Lichtpunkte erkennen, die kommen und gehen, ihre Form verändern – ein Lichtspiel der Natur, das meine Konzentration fesselt.

Beim Hören wird es schon schwieriger. Dazu sollen wir nämlich die Augen schließen. Sobald ich die Augen zumache, spielt mein Gehirn verrückt. Es überschwemmt mich mit Bildern und Gedanken, die mich so beschäftigen, dass ich mich nicht aufs Hören konzentrieren kann. Irgendwann fliegt eine Ente direkt über mich hinweg und schnattert laut. Das ist wie ein Weckruf. Jetzt fange ich an zu hören, den Wind, sein Rauschen in den Blättern und Zweigen, Autogeräusche in der Ferne, eine Kreissäge, die immer wieder durch die Stille schneidet, das Flügelschlagen eines vorbeiziehenden Vogels und das Knirschen des Schnees unter meinen Füßen. Als ich die Augen wieder aufmache, merke ich: Ich würde normalerweise sagen, dass hier oben auf dieser Wiese Stille herrscht. Aber es ist gar nicht still, es gibt ganz viele Geräusche, die man hören kann, wenn man

MEINE SINNE

es zulässt und sich auf das Hören konzentriert. Man kann sogar die Bergluft schmecken, die Kälte spüren, den Kontakt der eigenen Füße mit dem Boden.

Jetzt habe ich mich so in diese Übung zurückversetzt, dass ich gar nicht darauf geachtet habe, was da draußen passiert. Es schneit wieder stärker. Trotzdem kommen immer wieder Spaziergänger, die von links nach rechts oder in Gegenrichtung durch die Landschaft pflügen. Aus der Ferne von meinem Fenster aus beobachtet, sieht es manchmal so aus, als hätte jemand ein Laufband in die Landschaft gebaut, wie es sie an den großen Flughäfen überall gibt. Als zöge dieses Laufband die Menschen durch diese Landschaft, ohne dass sie sich selbst anstrengen und bewegen müssten.

Die meisten von ihnen sind zu zweit unterwegs. Ganz selten sehe ich einen einzelnen Menschen alleine an mir vorbeiziehen. Menschen gehen spazieren, um zu sprechen. Manchmal wollen sie sich auch einfach nur unterhalten. Aber das wahre, das wirkliche Sprechen miteinander geht beim Spazierengehen besonders gut. Wir Menschen sind soziale Wesen, die miteinander kommunizieren wollen und müssen. Wenn wir das nicht mehr wollen oder können, stimmt etwas nicht. Deshalb fallen mir die Spaziergängerpärchen auf. Weil ich bislang fast immer alleine losgezogen bin, egal ob zum Lauf durch die Landschaft oder um im Nachbarstädtchen in einem schönen kleinen Café einen Tee zu trinken. Das Alleinsein tut mir gut. Ich sehne mich fast danach, alleine zu sein und meine Ruhe zu haben. Das war schon während der vergangenen dreieinhalb Monate so, die ich hauptsächlich bei mir zu Hause in der Wohnung verbracht habe, ohne ständiges Reisen, ohne dass ich oft etwas unternommen hätte. Ich war einfach zu Hause und bei mir.

Ich suche hier nicht den Kontakt zu Menschen. Inzwischen setze ich mich zwar gerne ab und zu abends mit einigen anderen Patienten noch ins Kaminzimmer, um ein wenig zu plaudern. Aber auch dann habe ich nach einer Stunde genug. Zu Beginn meines Aufenthalts bin ich, wann immer es nur irgendwie möglich war, auf mein Zimmer gegangen, froh darüber, die Tür hinter mir schließen zu können und allein zu sein.

Ich bin ein höflicher Mensch. Und ich bin oft gut gelaunt. Aber ich ertappe mich seit Monaten dabei, dass ich – wo immer ich gerade gehe und stehe – auf den Boden schaue. Von den Menschen, die an mir vorbeilaufen, sehe ich dann nur die Füße und die Beine bis zu den Knien. Wenn es nicht anders geht, blicke ich auf und grüße oder halte einen Smalltalk. Aber wenn sich das vermeiden lässt, laufe ich mit gesenktem Blick weiter. Es ist nicht Arroganz oder Schüchternheit, es ist vielmehr der Versuch, alle Außenreize auszublenden, die nicht unbedingt lebensnotwendig sind. Ich begrenze meinen Blick und meinen Wahrnehmungshorizont auf einen kleinen Kegel, den ich vor mir herschiebe, um durch die Welt zu kommen, als liefe ich mit einer Taschenlampe durch die Nacht. Und nur in den Momenten, in denen die Welt um mich herum klein und übersichtlich genug ist (zum Beispiel hier in meinem Zimmer oder in meiner Wohnung zu Hause), öffne ich meinen Blick und erweitere mein Wahrnehmungsfeld.

Ich leide unter zu viel Informationsinput. «Sie sind vollkommen überreizt», hat der Arzt zu mir gesagt. Reize sind die Impulse, die Informationsübertragung möglich machen. Und Informationen bezeichnen das, was neu für uns ist, was einen Unterschied zum Bestehenden und Bekannten macht. Informationen sind die Voraussetzung dafür, dass wir Menschen kommunizieren können. Verstehen wir Kommunikation, wie der Soziologe Niklas Luhmann dies tut, als Synthese aus drei Wahlprozessen (drei «Selektionen»)[3], nämlich der Auswahl einer Information, der Auswahl einer Mitteilung und der Möglichkeit selektiven Verstehens oder Missverstehens, dann habe ich schon mit der ersten Wahl ein Problem. Ich brauche im Moment nicht Reize, sondern Ruhe. Ich brauche nicht das Neue, sondern das Bekannte und Bewährte. Ich will nicht den immer wiederkehrenden Unterschied, sondern die Konstanz, um die Ruhe zu finden, die als Ausgangspunkt für alles notwendig ist.

Leben kann aber nicht gelingen, wenn man sich vor der Information zu verschließen versucht. Leben ist Information. Soziales Leben, in dem ich mich auch selbst entwerfe, entsteht durch die «Unterschiede, die einen Unterschied machen», wie Gregory Bateson das 1979 formuliert hat[4]. Eine Wahl zu treffen, Unterscheidungen vorzunehmen fällt mir derzeit schwer. Es gibt schon zu viele dieser Unterscheidungen in meiner Wahrnehmung, und sie reproduzieren sich sekündlich. Wenn wir unterscheiden, so hat es George Spencer Brown erklärt, markieren wir den Zustand, der erkannt ist, und trennen ihn somit von dem Zustand, der unerkannt ist.[5]

Ich kann dies am Beispiel meiner Zimmerwahl hier in der Klinik verdeutlichen. Ich habe mich für dieses Zimmer, Nr. 227, entschieden, es ausgewählt und bezogen, also sogar räumlich und physisch «markiert». Alle anderen Zimmer sind nicht von mir gewählt worden, also «unmarkiert». Zwischen meinem und den anderen Zimmern entsteht für mich so ein Bedeutungsunterschied. Das ist bei diesem einfachen

Beispiel praktisch und richtig, bei den informationellen Markierungen, um die es sonst in unseren Leben noch so geht, ist es gelegentlich komplizierter.

Bei mir liegt das Schwierige zurzeit darin, dass zu viel «markiert» ist. Ich sortiere nicht mehr richtig aus. Ich vergesse auch nicht mehr das, was vergessen werden darf und muss, um Raum für das Neue zu schaffen. In der Sprache der Computernutzerin heißt das: Speicher und Prozessoren in meinem Gehirn sind überladen. Manchmal wünschte ich mir, ich könnte für meine Gedanken ebenso wie für ein Computerprogramm die Option «Nachrichten filtern» oder «Konversation unterdrücken» aktivieren. Ich möchte das durchaus, aber mir fehlen die Filter, und dadurch fehlt mir die Konzentration, diese Unterscheidung der «markierten» und «unmarkierten» Räume, Zustände und Inhalte vorzunehmen und dann auch konsequent beizubehalten. Ich schwebe daher in einem Zustand der Generalmarkierung, der Alles-und-nichts-Wahrnehmung, je nachdem, wie ich die Sache betrachte. Das ist kein schöner Zustand, und er führt dazu, dass ich versuche, jede weitere Unterscheidung, jede Information zu vermeiden, wenn sie nicht unmittelbar überlebensnotwendig ist. Aus einem solchem Zustand heraus leidet mein Selbstentwurf als ein sozialer Mensch, und es leidet die Kommunikation.

Draußen schneit es weiter. Der Himmel ist wieder etwas dunkler geworden. «Wenn das Schneien nicht bedeutet, dass Gott die Erde sanft in einen Mantel des Vergessens hüllen will, ist es einfach nur sinnlos.» Das schreibt der Philosoph Terry Eagleton in seinem Büchlein über den «Sinn des Lebens».[6] Es ist zwanzig nach elf. Meine Güte, wie die Zeit vergeht.

LEBENSENTGRENZUNG

Seit etwa einem halben Jahr trage ich einen kleinen Stofffetzen mit mir herum. Er ist etwa fünf mal fünf Zentimeter groß und steckt meistens in meiner linken Hosentasche. Mehrmals am Tag nehme ich ihn heraus und fühle die Textur zwischen meinen Fingern. Und wenn ich zum Beispiel im Zug sitze oder an einem Fenster stehe, dann schaue ich durch sie hindurch und freue mich, dass ich durch die kleinsten Poren zwischen den einzelnen Fadenkreuzungen noch immer die Welt sehen kann, ganz klar, ohne Wahrnehmungsverluste, fast wie durch ein Fernglas mit besonderer Brennweite.

Das Stück Stoff ist blau-weiß-grün gemustert. An zwei Seiten ist es dicker als an den anderen beiden, weil diese Seiten umgenäht sind, die beiden anderen dagegen nicht. Entlang ihrer Kanten zerfasert der Fetzen schon ein wenig, vom vielen Herumtragen und von der regelmäßig wiederkehrenden Reibung, die meine Finger an dem Stoff erzeugen. Er war Teil von etwas Größerem. Dieses Stoffstückchen gehörte früher zu einem Geschirrhandtuch in der Wohnung meiner Freundin. Sie hat es selbst mit der Schere herausgeschnitten. An einem Abend, an dem wir ein langes philosophisches Gespräch über das Leben und die Verbindung von Raum und Zeit in diesem Leben geführt hatten. Es war der erste

Abend, an dem es mir wieder einigermaßen gutging und ich in der Lage war, mich auf ein Thema einzulassen, ohne alsbald erschöpft einzuschlafen oder durch Schmerzen abgelenkt zu werden.

Genau drei Wochen zuvor waren wir aus dem Urlaub zurückgekehrt. Ich hätte eigentlich gut erholt sein müssen, aufgeladen mit neuer Energie für das bevorstehende Semester und die vielen Dinge, die ich wie immer geplant hatte. Aber so war es nicht. Es ging mir schon lange gesundheitlich nicht gut, sogar während des Urlaubs. Ich hatte immer stärker gemerkt, dass ich mich müde fühlte, dass ich Gewicht verlor, oft Magen- und Bauchschmerzen nach dem Essen hatte und eigentlich fortwährend mit Übelkeit kämpfen musste. Aber irgendwie dachte ich, das sei normal, ich hatte eben viel gearbeitet und war viel gereist. Und so habe ich dann auch nach dem Urlaub einfach weitergemacht. Ich habe die letzten Zeilen aus John Updikes Gedicht «Requiem» konsequent gelebt: «Der Schock, wenn er kommt, wird nicht registriert, außer da, wo er eintreten wird.»[7]

Unmittelbar nach dem Urlaub auf Sardinien war ich zu einer internationalen Konferenz in die USA geflogen, um dort einen Vortrag zu halten. Am Tag nach meiner Rückkehr nach Berlin moderierte ich morgens eine Veranstaltung über den amerikanischen Präsidentschaftswahlkampf. Alles lief prima, es gab anregende und kontroverse Diskussionen, ein Freund von mir aus Harvard hielt eine spannende Rede über die Bedeutung der jungen Wählerinnen und Wähler für die politische Entscheidungsfindung im Wahlkampf Barack Obamas, und ich fühlte mich just in diesem Moment wirklich wie immer nach einem Urlaub: mit Spaß und Volldampf zurück ins Arbeitsleben. Dann hatte ich ein Treffen mit meinem Verleger, ein Gespräch zu einem Kooperationsprojekt, und zwischendurch fuhr ich schnell zu meiner Nichte, um ihr ein Geburtstagsgeschenk vorbeizubringen. Zum Abendessen traf ich mich mit meinem Harvard-Kollegen und seiner Frau im Restaurant «Florian». Und dann begannen plötzlich schreckliche Bauchschmerzen. Ich konnte mich kaum auf den Beinen halten, nichts essen, war geschwitzt und zittrig. Aber irgendwie kam ich noch durch den Abend. Doch am nächsten Morgen ging nichts mehr. Dann bin ich zusammengebrochen.

Burnout. Ich hasse dieses Wort. Ich mag es nicht für die Beschreibung meines Zustands benutzen. Also vermeide ich es. «Ich hatte einen Burnout.» Dieser Satz vermittelte für mich immer eine Stress-als-Lifestyle-Anmutung. Der Burnout gehört zum erfolgreichen Berufsleben wie das Eigenheim zur Vorbildfamilie. Und so semikritisch wird er auch in der öffentlichen Diskussion behandelt. Die «Süddeutsche Zeitung» beschreibt den Burnout als «gesellschaftlich anerkannte Edel-Variante der Depression und Verzweiflung, die auch im Moment des Scheiterns das Selbstbild unangetastet lässt», und schlussfolgert: «Nur Verlierer werden depressiv, Burnout dagegen ist eine Diagnose für Gewinner, genauer: für ehemalige Gewinner.»[8] Ich habe diesen Artikel gelesen, als es mir schon wieder etwas besserging. Es blieb das Gefühl von Abwehrreflex: Das will ich nicht haben.

Mein Arzt war gnädig. Er hat einfach die deutsche Sprache verwendet. Seine Diagnose lautete: schwerer Erschöpfungszustand in Verbindung mit einer Infektion meiner Stoffwechselorgane, die ich offenbar verschleppt hatte. Nieren, Leber und Milz funktionierten nicht mehr so, wie sie sollten. Meine Magenschleimhaut und meine Bauchspeicheldrüse waren entzündet, und mein Immunsystem hatte sich aus meinem Körper verabschiedet.

Ich habe verstehen müssen, was mit mir los ist. Also habe ich mich mit meinem eigenen Zustand beschäftigen gelernt, trotz aller Abneigungen, die bei mir dagegen bestehen, meine eigenen Grenzen zu erkennen und – mehr noch – zu respektieren. Und trotz aller ursprünglich vorhandenen Verachtung für den Burnout als seltsames Krankheitsbild, das der Psychoanalytiker Richard Freudenberger 1974 zum ersten Mal so genannt hat. Ich habe versucht, mehr zu verstehen über dieses Krankheitsbild, zu recherchieren und nachzulesen, was es damit auf sich hat. Ich habe versucht nachzulesen, was es mit mir auf sich hat.

Ein wenig hat mich getröstet, dass zwar der Begriff «Burnout» relativ jung ist, die Symptomkonstellation dagegen durchaus altbekannt. So hätte Thomas Mann seinem literarischen Antihelden Thomas Buddenbrook sicher einen Burnout bescheinigt, wenn er den Begriff 1901 schon gekannt hätte. Anstelle dessen schreibt er also: «Der gänzliche Mangel eines aufrichtig feurigen Interesses, das ihn in Anspruch genommen hätte, die Verarmung und Verödung seines Inneren – eine Verödung, so stark, dass sie sich fast unablässig als ein unbestimmt lastender Gram fühlbar machte – verbunden mit einer unerbittlichen inneren Verpflichtung und zähen Entschlossenheit, um jeden Preis würdig zu repräsentieren, seine Hinfälligkeit mit allen Mitteln zu verstecken und die ›Dehors‹ zu wahren, hatte dies aus seinem Dasein gemacht, hatte es künstlich, bewusst, gezwungen gemacht und bewirkt, dass jedes Wort, jede Bewegung, jede geringste Aktion unter Menschen zu einer anstrengenden und aufreibenden Schauspielerei geworden war.»[9]

LEBENSENTGRENZUNG

Ich erkannte mich wieder. In dieser doch literarisch schönen Beschreibung, aber leider auch in den trockenen medizinischen Symptomauflistungen, von Hyperaktivität und Verleugnung eigener Bedürfnisse bis zur Gleichgültigkeit, vom Nicht-abschalten-Können bis zur immerwährenden Müdigkeit, in Schwächegefühlen, Energiemangel, Schlafstörungen, Herzklopfen, Schweißausbrüchen, Kopf- und Rückenschmerzen bis zu Konzentrationsstörungen und Kreativitätseinbrüchen.[10] Die Infektion in Magen und Darm tat ihr Übriges.

Es ist im Nachhinein nicht feststellbar, ob die Infektion Auslöser für meinen Zusammenbruch war oder ob ich meinen Körper so durch Überlastung heruntergewirtschaftet habe, dass er anfälliger für Infekte wurde – beides wirkt jedenfalls zusammen. Und allein der Versuch, hier ein Ursache-Wirkungs-Prinzip zu erkennen, ist vermutlich der falsche Ansatz, mit der Situation umzugehen. Auch im Verhältnis von Depression und Erschöpfung lassen sich unzählige Theorien zu Zusammenhängen und Wechselwirkungen entwickeln.[11] Fakt ist: Es gibt einen Zusammenhang.

Auch das habe ich langsam gelernt: Dass es fast immer eine psychosomatische Konstellation ist, eine Verbindung aus physischen und psychischen Problemen, die Burnout-Patienten kennzeichnet. Und ich habe lernen dürfen, dass ich nicht allein bin. Es gibt viele Menschen, die unter Vergleichbarem oder Ähnlichem leiden. Das hilft mir nicht konkret in meiner Situation. Aber es hat mir sehr geholfen, meine Situation anzunehmen und zu verstehen. Doch das hat lange gedauert. Und gelegentlich kommt der Zweifel noch jetzt zurück: Kann es sein, dass nicht alles immer geht, wie ich will? Das kann doch nicht sein!

Ich war fünfzehn Jahre um die Welt gereist, hatte gearbeitet, geredet, geschrieben, akquiriert, repräsentiert, bis der Arzt kam. Im Wortsinne. Ich habe keine Grenzen gesetzt, mir selbst nicht und auch nicht meiner Umwelt, die zuweilen viel verlangt, mich ausgesaugt hat wie ein Blutegel seinen Wirt. Und das meiste von dem, was ich gemacht habe, hat mir tatsächlich Freude gemacht. Ich reise gerne, ich schreibe gerne, ich arbeite gerne mit Studentinnen und Studenten, ich schiebe mit Vergnügen und Leidenschaft neue Dinge an und entwickele Ideen.

Aber ich habe in alldem nicht «die aristotelische Mitte finden können zwischen dem ‹Zuviel› und dem ‹Zuwenig›».[12] Nun war ich plötzlich stillgelegt, wiederum im Wortsinne. Zwei Wochen lang konnte ich überhaupt nichts machen, kaum aus dem Haus gehen. Ich schlief und schlief und schlief. Als es mir wieder etwas besserging, wollte ich gerne nach Hause in die Schweiz, in meine Wohnung, auf mein Sofa. Ich fuhr mit dem Zug zurück von Berlin nach St. Gallen. Die Fahrt dauert zehn Stunden, und ich wäre nie zuvor im Leben auf die Idee gekommen, diese Strecke mit dem Zug zurückzulegen. Aber ich konnte und wollte nicht fliegen. Und eine mindestens achtstündige Autofahrt traute ich mir nicht zu, ich war einfach zu schnell erschöpft und müde.

Ich kann mich rückblickend nicht mehr an diese Zugfahrt erinnern. Die zehn Stunden sind einfach weg. Ich weiß nur noch, dass ich in München umsteigen musste und der ICE aus Berlin natürlich wieder Verspätung hatte. Also bangte ich um die Anschlussverbindung. Ich hatte Angst vor der möglichen Wartezeit in München, bis der nächste Zug nach St. Gallen ging. Ich hatte Angst davor, meine zwei Koffer mit dem Gepäck von sechs Wochen alleine über den Bahnsteig befördern zu müssen. Ich hatte Angst, auf einer Zugfahrt umzusteigen. Daran kann ich mich erinnern.

Der Prozess des Erkennens und Annehmens hat lange gedauert. Ich habe viele Anzeichen, die dem Zusammenbruch vorausgegangen waren, nicht erkannt. Ich habe mich in vielen Situationen, in denen ich mich erkennbar nicht mehr stark fühlte, dennoch überschätzt und das Letztmögliche aus mir herausgepresst. Und ich habe einfach nicht glauben können, dass ich nicht immer so weitermachen kann. Ich habe es vor allem nicht glauben wollen, nicht einmal inmitten des Zustands der Erkrankung und vollständigen Erschöpfung.

Es hat auch deshalb so lange gedauert, war ein so schwieriger Prozess, weil das Phänomen Krankheit in vielen Dimensionen unserer Gesellschaft als nicht «normal», nicht zugehörig, nicht erwünscht adressiert wird. So habe vermutlich auch ich es im Zuge meiner Sozialisation, meines Erwachsenwerdens gelernt. Wer krank ist, muss ganz schnell gesund werden, damit er wieder funktionieren kann. Wir haben häufig Schwierigkeiten, mit Krankheit im Leben umzugehen. Menschen verstummen dann ob des Leids oder der Ausnahmesituation eines Kranken, werden sprachlos. Sie finden keine Worte für die Krankheit, wollen sie vielleicht gar nicht finden, denn etwas benennen heißt auch, es anzunehmen, ihm einen Namen zu geben, der zur eigenen Sprach- und Lebenswelt dazugehört. Das ist kompliziert, das fordert die Umwelt, es setzt voraus, die Abweichung von der Norm zu akzeptieren, die immer anstrengend ist.

Ich habe hier in der Klinik den Zukunftsroman «Corpus Delicti» von Juli Zeh gelesen und bin an einer Stelle hängengeblieben. Zeh beschreibt eine zukünftige Gesundheitsdiktatur, sozusagen medizinische Science-Fiction, in der die Gesellschaft durch «die Methode» beherrscht wird, der sich alle unterwerfen. Die Methode sieht die vollständige Abwesenheit von Krankheit vor und erwartet vom Einzelnen, sich aktiv und kontrollierbar darum zu bemühen. Gesundheit ist erste Bürgerpflicht. «Die Methode» verlangt von jedem Bürger ein festes Sportpensum und die Abgabe von Schlaf- und Ernährungsberichten. Sie verlangt, und sie kontrolliert. Ich hätte bis vor einigen Monaten eine gute Figur gemacht in dieser Gesundheitsdiktatur (meine Schwäche für guten Rotwein hätte ich verstecken müssen). Ich war «normal». «Was sollte vernünftigerweise dagegensprechen, Gesundheit als Synonym für Normalität zu betrachten? Das Störungsfreie, Fehlerlose, Funktionierende: Nichts anderes taugt zum Ideal.»[13] Science-Fiction?

In seinem 700 Seiten dicken und an die letzte Zeile eines Rilke-Verses angelehnten Aufruf «Du musst dein Leben ändern» analysiert der Philosoph Peter Sloterdijk den «übungstheoretischen Imperativ»: «Verhalte dich jederzeit so, dass die Nacherzählung deines Werdegangs als Schema einer verallgemeinerbaren Vollendungsgeschichte dienen könnte!»[14] Ich möchte nicht mehr schematauglich sein. Ich bin auch nicht Teil einer Vollendungsgeschichte. Ich möchte einfach meinen kleinen Lebenspart wieder ins Lot bringen. Das geschieht in sehr zögernden Schritten. Manchmal ist es schon ein Erfolg, eine zehnstündige Zugfahrt zu überstehen.

Ich war wieder zurück in St. Gallen. Zu Hause. Ich schlief, ruhte mich aus. Aber ich fing auch wieder an zu schreiben. Ich hielt die notwendigsten Vorlesungen und absolvierte Termine, um den Betrieb im Institut der Universität irgendwie am Laufen zu halten. Manchmal war ich nach einer Vorlesung so erschöpft, dass ich Stunden schlafen musste. Ich war viel zu Hause in meiner Wohnung, genoss die Ruhe, das Alleinsein. Ich liebe meine Wohnung, in die immer die Sonne scheint und Lichtflecken auf die alten Holzdielen malt, von der aus ich über die Stadt schauen kann oder einen Kleiber beobachten, der kopfunter am Stamm des hundert Jahre alten Baums im Garten hängt, mit stoischer Geduld auf das Holz einhackt und Klopfgeräusche produziert. Ich liebe diese Wohnung trotz kleiner Mängel, seltsamer Geräusche und undichter Fenster.

Eines Montagmorgens saß ich auf dem Sofa und las Zeitung. Da bemerkte ich ein störendes Geräusch. Ein an- und abschwellendes dumpfes Brummen. Ich hörte auf das Geräusch, und nach einer Weile begann es mir Kopfschmerzen zu bereiten. Es störte mich. Ich rief den Heizungstechniker an, wir hatten schon mal ein ähnliches Problem. Die Heizung ist auch älter geworden, sie springt manchmal nicht mehr richtig an, versucht es immer wieder und macht dabei einen polternden Lärm. Der Heizungstechniker kam am frühen Nachmittag, um nach dem Rechten zu schauen. Auf Strümpfen schlich er durch meine Wohnung und hörte immer wieder hin. Nichts. «Dieses dumpfe Brummen», sagte ich flehend irgendwann. «Sie müssen das doch hören, es kommt hier aus der Richtung von links.» Wir hörten beide hin, erstarrt wie Salzsäulen. Der ältere Herr sah mich verzweifelt an. Er hörte nichts. «Kein Wunder», dachte ich, «in dem Alter wird man wahrscheinlich schon schwerhörig.» Er versprach, im Keller nachzusehen, ob da das Brummen sei. Ich war genervt.

Am frühen Abend ging ich zu einer Sitzung an der Universität. Etwa 50 Menschen waren dort versammelt, tuschelten, lachten und diskutierten. Dann wurden mehrere Wahlgänge durchgeführt, und es wurde still. Und in diesem Augenblick hörte ich wieder das Brummen. Ich konzentrierte mich. Das war unmöglich. Hier war keine Heizung. Hier war nur ich. Ich war das Brummen. Es war in meinem Kopf.

An dem Abend gelang es mir, Stück für Stück eine Ereigniskette zu rekonstruieren, die ich als solche weder wahrgenommen noch zu interpretieren gewusst hatte. Ich erinnerte mich, wie ich vor einigen Tagen sonntagmorgens am Schreibtisch gesessen hatte, um eine Kolumne zu schreiben. Wie immer lief klassische Musik, die «Kunst der Fuge» nach Bach. Plötzlich hatte ich ein lautes Pfeifen im Kopf. «Der Kreislauf spinnt», dachte ich und versuchte, die Durchblutung in meinem Kopf durch Rumpfbeugen anzuregen. Der Ton blieb. Nach einigen Minuten war der Ton verschwunden, aber ich hörte auch sonst nichts mehr, nicht einmal die Musik. Ich konnte dagegen nichts ausrichten, und so schrieb ich einfach weiter. Irgendwann muss das Hören zurückgekommen sein, ich erinnere mich nicht so recht. Aber seitdem hatte ich immer wieder mit Schwindelanfällen zu kämpfen.

Beim Geburtstagsbrunch einer Kollegin floh ich nach nicht einmal einer Stunde nass geschwitzt aus dem Lokal. Ich fühlte mich, als sei mein Kopf in einen Karton mit Watte verpackt. Um dem Gespräch zwischen mehreren Anwesenden zu folgen, musste ich derartige Kraftanstrengungen aufbringen, dass ich vollkommen erschöpft war. Das war an einem Samstag. Am Montag ging ich zu einer HNO-Ärztin. Sie hat einen Hörsturz diagnostiziert. Seitdem habe ich immer wieder mit diesem Brummen zu kämpfen, vor

LEBENSENTGRENZUNG

allem wenn ich müde oder erschöpft bin, abends stärker als morgens. Wahrscheinlich wäre es klug gewesen, früher zum Arzt zu gehen. Ich hatte einfach nicht verstanden, dass etwas geschehen war, das einer Behandlung bedurfte, die ich nicht selbst vornehmen konnte.

Zurück zu dem kleinen Stofffetzen. Er war Resultat des Gesprächs mit meiner Freundin, das am Abend vor dieser Zugfahrt stattfand. Wir sprachen über den Stoff, aus dem unser aller Leben ist: Zeit und Raum. Wir sprachen darüber, was sich in meinem Empfinden für diese beiden Dimensionen geändert hatte, jenseits der Tatsache, dass meine Termin- und Reisepläne demnächst anders aussehen würden, weil es gesundheitlich nicht mehr so weiterging.

Ich habe erst lange überlegt. Dann hat sich ein Bild in meinem Kopf geformt, das ich zunächst selbst nicht entschlüsseln konnte. Ich musste an Stoff denken. Den Stoff, aus dem Kleidung gemacht ist. Und das Bild in meinem Kopf zeigte immer die verschiedenen Stoffe in meinem Koffer, Jeans, T-Shirts, Kapuzenjacken und Anzüge, mit denen ich auf Reisen war und die in der Regel bis aufs äußerste zusammengedrückt in diesem Koffer wohnen mussten. Ich habe dann beschrieben, was sich für mich ändern soll: Ich möchte, dass mein Leben wieder luftiger und durchlässiger wird. Ich möchte nicht immer alles bis aufs Letzte in die Zeit und den Raum hineindrücken müssen, bis alles so zusammengepresst ist, dass keine Textur mehr erkennbar ist und nichts mehr durchscheint. Ich möchte so viel Raum, wie es Stoff gibt, oder nicht mehr Stoff, als es Raum gibt. Und ich möchte die Zeit haben, ihn auszubreiten, zurechtzurücken, anzufassen und zu fühlen, zu sehen, was durch ihn hindurchscheint. Das alles ist möglich, wenn man zulässt, dass Platz bleibt für die Welt, die im Stoff sich entfaltet, wenn wir uns Zeit nehmen, die Welt durch die Stoffe, ihre Materialisierung hindurch wirklich zu erfassen.

Das ist der Stoff, aus dem unser aller Leben ist: eine hochexplosive Verbindung von Zeit und Raum. Wir versuchen sie zu gestalten, um unseren Bedürfnissen, aber auch denen anderer Menschen gerecht zu werden. Wir versuchen sie zu verbessern, indem wir Hilfsmittel einsetzen, um die Begrenzungen der Zeit und des Raums durch Kommunikations-, Fortbewegungs- und Beschleunigungstechnologien auszuweiten oder am liebsten aufzuheben.

Wir versuchen dabei auch, uns selbst zu entgrenzen, um flexibler reagieren zu können. Denn gelegentlich können auch die neuesten und besten Technologien die Grenzen von Raum und Zeit eben nicht ganz aufheben, sodass wir das übriggebliebene Tun ob verbrauchter Zeit und den ungegangenen Weg ob verbrauchten Raums in uns selbst aufnehmen und dort zu vollenden versuchen. Das gelingt auf Dauer nicht. Doch der Lebensentgrenzte erkennt nicht mehr die Lebensendgrenze, obwohl sie sich doch immer wieder in unserem Alltag zeigt, in vielen Kleinigkeiten, die wir erleben und tun oder eben auch nicht wahrnehmen können und weglassen müssen. Es sind die kleinen Hinweise auf das Hier und Jetzt, die uns das Leben alltäglich gibt, in seiner zugewandten und nachsichtigen Form, wie ein vorsichtiger und schüchterner Lehrer mit tiefem Verständnis für seine langsamen und lernfaulen Schüler.

Der Blick auf den großen Lebensbogen ist uns häufig verstellt. Auch bei den zarten Verweisen schauen wir oft genug weg. Und so wundern wir uns eines Tages, dass Zeit und Raum eben nicht endlos dehnbar sind. Und wenn es dann nicht zu spät ist und wir unsere ignorante und überhebliche Haltung zu ändern vermögen, dann eröffnet sich eine ganz neue Erfahrungs- und Lebenswelt. Dann wandelt sich die Wahrnehmung von Zeit und Raum. Manchmal geht das ganz von selbst. Manchmal braucht man dazu Hilfsmittel, Partner und Gegner, die einem beim Kampf gegen die alten Tricks und beim Lernen der neuen helfen und einen immer wieder fordern.

Ich habe meiner Freundin dieses Bild von den Kleidungsstücken, von dem Stoff in meinem Koffer beschrieben. Sie ging in die Küche und kam mit dem kleinen blau-weiß-grünen Fetzen zurück – das Stück eines Geschirrhandtuchs, eben der Stoff, der gerade zur Hand war. Ich habe mich gefreut, denn ich habe verstanden, dass sie verstanden hat.

Dieses kleine Stück blau-weiß-grünen Stoffs, dieser kleine zerfranste Fetzen ist mein biegsames Mahnmal, das mich immer wieder an die Erkenntnis erinnert, die ich viel zu spät zugelassen habe. Es liegt hier vor mir auf dem kleinen runden Tisch neben meinem Ohrensessel. Es liegt da, weil ich gerade keine Tasche an mir habe, in die ich das Stoffstück stecken könnte, wie ich es sonst immer tue. Es ist fast zwölf Uhr, aber ich sitze noch immer im Schlafanzug in diesem Zimmer, und der Schlafanzug hat keine Taschen. Aber es liegt in Sichtweite. Und wenn ich möchte, kann ich es aufnehmen und durch die Fasern des Stoffs auf die Welt schauen. Auf den Schnee, der noch immer fällt, oder die einzelnen Menschen, die von Zeit zu Zeit durch die Landschaft spazieren.

SCHLAFLOS IM ALLGÄU

Es ist fast halb eins. Jetzt habe ich mehr als eine Stunde nicht aus dem Fenster gesehen. Doch, ich habe rausgeschaut, aber dennoch nichts gesehen. Die inneren Bilder waren zu stark. Sie überlagern alles in der Erinnerung. Es wäre schön, wenn ich mich reprogrammieren könnte. Das, was überlagert, erneut überlagern. Das, was mich belastet und ausbremst, überschreiben mit neuen Informationen und Vorgaben, die es mir möglich machen, anders an manches in meinem Leben heranzugehen. Oft wache ich morgens sehr früh auf, und gleich der erste bewusste Atemzug ist ein Seufzer, weil sofort im Moment des Wach- und wieder Bewusstwerdens die Probleme da sind, die mich beschäftigen. Oder weil sich, noch bevor ich überhaupt meine Augen geöffnet habe, der Berg an zu erledigenden Aufgaben vor meinem inneren Auge auftürmt wie ein Bollwerk, gegen das ich nicht ankommen kann.

Jeden Morgen um neun Uhr versammeln sich alle Ärzte, Therapeuten und Patienten zur Morgenbegrüßung im Kaminzimmer. Kleine Ansagen und Aufrufe wechseln sich ab. Oft gibt der Chefarzt uns einen Gedanken für den Tag mit auf den Weg. Anfänglich empfand ich dieses Ritual als nervig, fühlte mich in die Schule zurückversetzt oder als Teil einer dieser von mir gehassten Selbstfindungsgruppen, die es in den ersten Semestern meines Studiums zuhauf gab. Sehr schnell habe ich mich dann daran gewöhnt. Nur aufgerufen werde ich ungern. Dann ist irgendetwas schiefgelaufen.

Während dieser «Inaktivitätstage» liegt ein Paar Boxhandschuhe auf dem Tisch in meinem Zimmer. Gelegentlich hilft es sehr, mit aller Wucht gegen einen Sandsack anzugehen. Ich darf dabei alles rauslassen, ohne dass ich meinem Gegenüber wehtun könnte. In das kalte Dachgeschoss, in dem der Boxsack hängt, verirrt sich selten ein anderer Mensch. Ich prügele also in aller Ruhe und mit einer mich manchmal selbst verblüffenden Konsequenz auf den gepressten Sand ein. Jetzt sind auch die Boxhandschuhe in die Inaktivität verbannt. Ich werde sie erst nächste Woche wieder benutzen können, habe aber vergessen, sie vor meinen Exiltagen zurückzugeben. Und da ich jetzt mein Zimmer nicht verlassen soll, werden sie hier bei mir warten müssen.

Später stellt sich bei der Morgenbegrüßung heraus, dass die ganze Klinik nur ein Paar Boxhandschuhe hat. Andere Patienten beschweren sich, dass dieses Paar offenbar auf immer verschwunden sei. Ich werde rot, und mir wird heiß. Ich habe die Handschuhe. Ich melde mich und gebe das zu. Ich habe eine gute Begründung: mein Stubenarrest. Ich habe keine Begründung dafür, dass ich die Handschuhe nicht vorher zurückgegeben habe. Ich habe es schlicht vergessen.

In der Regel bedeutet der Aufruf des eigenen Namens am Morgen, dass es einen zusätzlichen Termin für den Tag gibt. Da mein Plan allemal schon ziemlich voll mit Anwendungen, Gesprächen, Massagen und Sportangeboten ist, finde ich, es reicht. An diesem Morgen finde ich ganz besonders, dass es reicht. Ich habe am Vortag schon meiner Ärztin gesagt, dass mein wirkliches Leben gegen diesen Therapieplan die reinste Entspannungsübung ist.

Tatsächlich ist etwas Wahres daran: Ich soll und möchte mich hier mit mir selbst beschäftigen, die Dinge aufspüren, die mir selbst im Weg stehen, mich blockieren und krank machen, zur Ruhe kommen, neue Energie aufbauen, einfach gesund werden. Wenn mein Therapieplan mich aber Tag für Tag von Termin zu Termin schickt, verfalle ich sehr schnell in diesen fremdgesteuerten Mitmachmodus, den ich auch aus meiner Zeit in der Politik und anderen Phasen meines Berufslebens kenne. Ich durchlaufe Termine. Ich hake ab, ohne mich intensiver oder nachhaltig mit einem Thema oder einer Aufgabe zu beschäftigen. Ich funktioniere. Auch unter den neuen Regeln dieses Kliniklebens.

Heute werde ich aufgerufen und auf Anweisung meiner Ärztin in die Gruppe für den Schlafentzug eingeteilt. Jetzt bin ich wirklich genervt. Wenn ein Problem für mich hier derzeit nicht vordringlich ist, dann sind es Schlafstörungen. Die hatte ich nun über fast zwei Jahre. Aber hier schlafe ich wie ein Baby. Und zwar zu jeder Tages- und Nachtzeit. Ich kann in der Meditation einschlafen, in der Hypnotherapie, auf der Yogamatte oder auch einfach für fünf Minuten auf meinem Zimmer zwischen zwei Anwendungen. «Sie sammeln so langsam wieder Energie», hat der Akupunkturarzt mir erklärt. «Dafür ist Schlafen gut.» Denn Energie baut der Körper nur im parasympathischen Zustand auf, wenn das vegetative Nervensystem im Ruhezustand ist und dafür sorgt, dass körpereigene Reserven regeneriert und wiederhergestellt werden. Dann lasst mir doch diesen Zustand, denke ich. Lasst mich schlafen. Es ist eines der wenigen Dinge, die gerade gut laufen.

Mit dieser Antihaltung gehe ich zur Einweisung gleich nach der Einstimmung. Sie dauert nur wenige Minuten. Es gibt ja auch nicht viel zu erklären. Elf von uns sollen heute Nacht kein Auge zutun. Dazu dürfen wir fast alles, nur keinen Alkohol trinken und nicht im Haus herumlärmen, denn es gibt schließlich mehr als hundert weitere Patienten, die beneidenswerterweise schlafen dürfen und sollen. Eigentlich finde ich es einen interessanten Gedanken, 40 Stunden am Stück wach zu bleiben, und bin gespannt, wie mein Körper und ich darauf reagieren. Ich hätte das also womöglich problemlos freiwillig mitgemacht. Jetzt, wo ich es machen *soll*, überwiegt die Antihaltung.

Zu Recht. Es ist nicht einmal halb elf abends, als ich meinen ersten absoluten Tiefpunkt habe. Ich gehe hier viel früher zu Bett als zu Hause, oft schon gegen zweiundzwanzig Uhr. Kein Wunder, dass mein Körper jetzt nicht mehr aufbleiben will. Mein Geist war von Beginn an dagegen. Ich sitze auf meinem Zimmer. Wenn ich die ganze Nacht mit zehn weiteren Menschen wach bleiben und verbringen soll, reicht es, wenn ich später zur Gruppe dazustoße. Ich lese also auf meinem Zimmer und werde immer müder. Ich könnte jetzt abbrechen. Was soll dieser Mist? Warum quäle ich mich hier rum? Für wen eigentlich?

Meine Gedanken spielen Pingpong: Abbrechen – weitermachen – abbrechen – weitermachen – abbrechen – weitermachen. Ich bin ein Weichei, wenn ich jetzt hier auf meinem Zimmer bleibe und einfach ins Bett gehe. Es wäre das Schönste, was ich mir vorstellen kann. Aber wahrscheinlich könnte ich dann vor lauter Ärger über mich selbst sowieso nicht einschlafen. Ich frage mich, ob nicht genau diese Entscheidung gegen die auferlegte Schlaflosigkeit einen therapeutischen Erfolg symbolisieren könnte. Ich habe mich gegen etwas zur Wehr gesetzt, was andere von mir verlangen oder erwarten, und habe stattdessen das getan, was mir selbst guttut. Aber soweit bin ich noch nicht. Ich komme nicht gegen das Gefühl an, dass ich diese Nacht durchhalten will, sosehr ich mich über mich selbst ärgere.

Wenn ich weiter hier alleine auf meinem Zimmer sitze, werde ich das nie schaffen. Also gehe ich hinunter zu den anderen ins Kaminzimmer. Da sitzen sie im Kreis um einen großen runden Tisch, müde Augen die meisten, aber in ein lebhaftes und zuweilen lautstarkes Gespräch vertieft, um sich wach zu halten. Es geht um Fernsehkomiker, wie ich schnell verstanden habe. Ich setze mich dazu und höre zu, wie einer der Männer Emil Steinberger aus der Schweiz, ein anderer Otto nachmacht. Ich gebe nach einer Weile einen Ausschnitt aus Loriots «Die englische Ansage» zum Besten, in der Evelyn Hamann die achte Folge des 16-teiligen Fernsehkrimis «Die zwei Cousinen» anmoderiert und dabei eine kurze Zusammenfassung des bisherigen Handlungsverlaufs zu geben versucht: «Auf dem Landsitz North Cothelstone Hall von Lord und Lady Hesketh-Fortescue befinden sich außer dem jüngsten Sohn Meredith auch die Cousinen Priscilla und Gwyneth Molesworth aus den benachbarten Ortschaften Middle Fritham und Nether Addlethorpe, ferner ein Onkel von Lady Hesketh-Fortescue, der 79-jährige Jasper Fetherstone, dessen Besitz Thrumpton Castle zurzeit an Lord Molesworth-Houghton, einen Vetter von Priscilla und Gwyneth Molesworth, vermietet ist.» Ab hier verheddert sich die Ansage im Dschungel der diffizilen britischen Ausspracheregeln, und ich höre auch lieber auf, weil ich nicht genau weiß, wie es weitergeht. Aber die anderen haben aufgemerkt – ein neuer Player im Wettbewerb um kabarettistisches Nachahmen.

Eine gute Stunde kann ich mich an diesem Spiel festhalten und finde es sogar ganz lustig. Als Walter zum bestimmt zehnten Mal den gleichen Refrain aus einem Stück von Emil Steinberger wiederholt, spüre ich langsam wachsende Aggressionen in mir. Irgendwann ist das nicht mehr lustig, sondern nervtötend. Aber Walter scheint in einem Loop gefangen, er kommt aus diesem Refrain nicht mehr heraus. Sein Blick nimmt manische Züge an, seine Stimme wirkt gepresst, und ich frage mich, ob ich langsam Angst bekommen muss. Ob er Drogen genommen oder seine Medikamente nicht vertragen hat? Ich habe mal darüber gelesen, dass eine junge Frau nach einem LSD-Trip nicht zurückkehren konnte und den Rest ihres Lebens glaubte, sie sei in einer Orange gefangen. Vielleicht ist Walter in seinem Refrain gefangen, vielleicht müssen wir ihm da heraushelfen?

Die anderen haben das auch bemerkt, scheinen aber weniger sorgenvoll. Sie wenden sich einfach ab, verlassen den Tisch, um an der Wassertheke einen Tee zu trinken, oder wenden sich ihrem Strickwerk zu. Ich entscheide für mich, dass ich diesmal auch nicht der Um-alles-und-alle-Kümmerer sein muss und möchte, und gehe ebenfalls. Am Ende der Halle setze ich mich in einen der hässlichen, aber bequemen rosa Stoffsessel aus den Siebzigern, von denen einer der Legende nach schon mal im Zuge eines Wutausbruchs eines Patienten in der Glaswand der Rezeption gelandet sein soll. Wahrscheinlich hatte der Mann vorher auch den Schlafentzug mitgemacht.

Ich kann nicht lesen, dann werde ich sofort todmüde und nicke ein. Ich muss etwas Aktiveres tun. Also rufe ich gegen

Mitternacht einen früheren Mitpatienten und Freund an, der Verständnis für seltsame Handlungsweisen hat, weil er das Ganze selbst schon mitgemacht hat. Michael ist neugierig und fragt mich über meinen Zustand aus. Ich erkläre in aller Seelenruhe und Ausdauer jede Empfindung und jeden Gedanken, die mir bislang heute Nacht durch den Kopf gegangen sind. Ich hasse es sonst zu telefonieren, in diesem Augenblick wird das Telefonat zur lebensrettenden, nämlich wachhaltenden Maßnahme. Sprechen verlangt einen anderen Aktivitätsgrad als Lesen.

Eigentlich ist das seltsam, denn wenn ich konzentriert lese, tauche ich in die Welt des Gelesenen ein, konzentriere mich und bin ganz gebannt. Aber wahrscheinlich ist es genau diese kontemplative Verschmelzung mit dem Text, die das Lesen im Zustand der völligen Übermüdung zur Qual macht. Das Sprechen geht einfacher. Nachdem ich Michael für fast eine Stunde davon abgehalten habe, schlafen zu gehen, bin ich so wach geredet, dass ich zuversichtlich bin, die nächsten Stunden zu überstehen.

Ein neuer Anlauf zur gruppendynamischen Nachtgestaltung. Ich hole meinen Laptop und die Box mit der dritten Staffel der US-amerikanischen Serie «24», die ich mitgebracht habe in der Annahme, ich hätte hier umfängliche Phasen der Langeweile zu überstehen, in denen mir das DVD-Paket behilflich sein könnte. Nicht ein einziges Mal habe ich bislang reingeschaut. Jetzt könnte die Stunde der Serie schlagen. Die ganze Nacht des Schlafentzugs könnten wir damit überstehen, fast eine weitere, wenn alle 24 Folgen zur Aufführung kommen sollten. Ich mache den Vorschlag, das gemeinsam anzugehen. Die erste Enttäuschung folgt auf dem Fuße: Keiner kennt die Serie. Ich kann es nicht fassen.

SCHLAFLOS IM ALLGÄU

Ein Format, das den internationalen Markt für Serien revolutioniert hat, in der Diskussion steht wegen vermeintlicher Befürwortung von Folter als polizeilicher Ermittlungspraxis[15] – und davon haben alle hier nichts gehört?

Ich gebe auf und ziehe mich wieder auf meinen Sessel in der äußersten Ecke der Eingangshalle zurück, lege eine DVD ein und will schauen. Es gibt irgendein Codeproblem. Ich soll etwas einstellen und umschalten, werde aber gleichzeitig darauf aufmerksam gemacht, dass ich nur dreimal die Chance dazu habe. Das ist mir jetzt zu kompliziert. Schon die Tatsache, dass ich in einem Sessel sitze, macht mich müde und erfordert erhöhten Konzentrationsaufwand, um gegen das Einschlafen anzukämpfen. Wahrscheinlich ist DVD-Gucken erst recht keine gute Idee. Also zurück, marsch, marsch. Ich bringe den Laptop und die DVD-Box wieder aufs Zimmer. Da der Aufzug nachts abgestellt ist, muss ich die zwei Etagen jeweils zu Fuß bewältigen. Das ist gut, es regt den Kreislauf an, und ich gewinne wieder einige Minuten im Kampf gegen den Schlaf. Einen Teil des Rests der Nacht verbringe ich damit, Dinge ohne Sinn und Verstand aus meinem Zimmer zu holen und wieder hinaufzubringen, einfach um in Gang und in Bewegung zu bleiben.

Gegen drei Uhr eröffnen die Herren des Schlafentzugs die Disco im Keller. Mit einer aus dem Kaminzimmer geklauten Stehlampe, die mit einem Sweatshirt abgedeckt wird, und einem Ghettoblaster aus der Steinzeit wird der ungemütliche Sitzungsraum B mit seinem Linoleumboden und den kahlen Wänden in einen Club verwandelt – so gut es geht jedenfalls. Die psychedelische Musik dröhnt bis in die Eingangshalle. «Ich warte nur darauf, dass gleich die Nachtschwester kommt, dann gibt's ein Riesentheater», sagt Paula, die schon zum zweiten Mal das Vergnügen hat, am Schlafentzug teilzunehmen. «Das war beim letzten Mal auch so.» Irgendwie ist mir völlig gleichgültig, ob die Schwester runterkommt und was sie dann tut. Sie hat das Privileg, heute Nacht schlafen zu dürfen, das steht schon mal vor allem fest. Und wir müssen wach bleiben. Deshalb müssen wir etwas tun, das uns wach hält, so einfach ist die Lage.

Diese Pseudodisco ist dafür in meinem Fall nicht geeignet. Das Schummerlicht gibt meinem Körper sofort das Signal «Schlafen, jetzt aber sofort!», und die Musik tut ihr Übriges. Ich harre nicht einmal eine halbe Stunde im Keller aus. Dabei immer wieder mit großer Überwindung versuchend, meinen Körper in Gang zu halten und in eine tanzähnliche Bewegung zu versetzen. Dann gebe ich auf. Das ist zu anstrengend. Und ich brauche Licht.

Es ist halb vier. Noch zwei Stunden, dann könnten wir einen Spaziergang ins Dorf machen, zu dem Biobäcker, der schon morgens um sechs öffnet, Kaffee, Tee und sogar Dinkelbrezeln serviert (also mal etwas, das ich essen darf). Hunger verspüre ich keinen und beobachte deshalb umso fasznierter, wie andere Schlafentzogene die Nacht hindurch in einem fort essen – Äpfel, Kekse, belegte Brötchen. Täte ich es ihnen gleich, ich hätte diese Nacht nie überlebt. Dann rutscht das wenige Blut, das sich noch bequemt, durch mein Gehirn zu zirkulieren, auch noch in den Magen.

Es ist kurz vor halb sechs, als ich zum bestimmt zwanzigsten Mal auf mein Zimmer gegangen bin, dieses Mal, um Mantel, Schal und Handschuhe zu holen. Es schneit draußen, und wir wollen gleich ins Dorf zum Bäcker laufen. Noch diskutiert die Gruppe, ob alle das Gleiche wollen.

Einige liebäugeln mit dem Swimmingpool, der ebenfalls ab sechs benutzt werden darf. Das kann ich mir nun gar nicht vorstellen. Mir ist kalt. Seit Monaten ist mir immerzu kalt. Das liegt an meinem schlechten körperlichen Zustand, auch daran vielleicht, dass ich so viel abgenommen habe. Weniger Fett hält weniger warm. Und nun ist es auch noch eiskalt draußen, minus zehn Grad fast, und es schneit. Ich will zum Bäcker, mich bewegen, aber im Trockenen, einen heißen Tee trinken. Eigentlich will ich nur noch ins Bett.

Jetzt wollen wir alle nur noch durchhalten. Sechs von uns packen sich warm ein und machen sich auf den Weg ins Dorf, ein etwa halbstündiger Spaziergang. Durch die zwanzig Zentimeter frischgefallenen Schnees dauert es etwas länger als sonst. Ich stapfe schweigend vor mich hin, die meisten anderen auch. Die Schneeflocken treiben mir die Tränen in die Augen, und so sieht es aus, als betrachtete ich diesen kleinen Ort, seine Straßen und Häuser am sehr frühen Morgen wie unter Wasser. Als habe der Schnee eine Schicht wallender Feuchtigkeit über das noch nicht erwachte Leben gelegt, die dem Dorf noch mehr Ruhe gibt. Kein einziges Auto fährt an uns vorbei, kein Mensch lässt sich blicken.

Unsere Schritte sind kaum zu hören, sie werden vom weichen Schnee gedämpft. Nur ein leichtes Knirschen ist ab und an zu vernehmen, wenn einer von uns irgendwie schief aufkommt mit dem Fuß. Dieser Spaziergang in der Dunkelheit des frühen Morgens versetzt mich in eine sonderbare Trance, ein Gefühl, wie es manchmal im Zustand des heftigen Jetlags über mich kommt. Die Welt ist da, aber sie fängt mich nicht ein mit ihren Anforderungen und Regelabläufen. Sie berührt mich nur in dem, was ich beobachten kann, was als Eindruck in mich hineinfließt und sich dort ausbreitet, Verbindungen mit bestehenden Bildern eingeht, farbenfroh in mir hin und her wabert. Ich kann Ewigkeiten auf einen Punkt schauen und finde es schön. Eine Freundin schrieb mir kürzlich aus New York, direkt nach der Ankunft: «Ich liebe ja diesen verstrahlten Zustand, wie in Trance – den Jetlag. Na ja, seit ich keine Drogen mehr nehme, freue ich mich halt über derartige Bereicherungen.» So fühle ich mich im Rausch der Müdigkeit, ganz ohne Drogen.

Die Bäckerin hat erkennbar weniger Freude an uns als wir selbst. Sie ist im frühmorgendlichen Stress und hat wirklich gar keinen Nerv für sechs übernächtigte Freaks. Irgendwann gelingt es uns dennoch, uns mit Kaffee, Tee und Brezeln einzudecken. Damit nehmen wir an einem der Tische im Gastraum Platz und beginnen, zunächst stumm, das Erstandene zu verzehren. Die Kohlenhydrate wandern erkennbar direkt ins ausgezehrte Blut und entfalten dort auch sofortige Wirkung. Es geht ein unkoordiniertes und sinnfreies Geplapper los, immer wieder unterbrochen durch Kicheranfälle. Die Sitzung steuert ihrem Höhepunkt zu, als Walter wieder seine komische Ader entdeckt und uns einen Rap zum Vortrag bringen will, für den wir alle rhythmisch mitschnippen müssen. Das tun wir ohne jedes Zögern, und so sitzen sechs erwachsene Menschen morgens um sechs in einer Bäckerei und schnippen um die Wette.

Auch an Walter ist der Schlafentzug allerdings nicht spurlos vorbeigegangen. Er rappt wirres Zeug, nicht ohne dabei schlafmangelbedingt immer wieder den Faden zu verlieren. Dann sitzt er wie ein stark stotterndes Kind vor uns und versucht, in den Text zurückzufinden, indem er Urlaute hervorstößt, die sich aber zu keiner sinnvollen Wortkonstellation fügen wollen. Ich überlege, ob eine leichte Ohrfeige seine Blockade lösen wird, aber das könnte er missverstehen. Zwischendurch erhasche ich einen bösen Blick der Bäckerin. «Warum wird mir das hier heute morgen angetan?», scheint sie sich zu fragen.

Das geht im Verlaufe des Tages noch mehr Menschen so. Ich hätte nie gedacht, dass eine Nacht ohne Schlaf derartige Wirkungen zeitigen kann. Natürlich habe ich früher unendliche Nächte durchgemacht. Dann haben wir uns mit der Freundesclique betrunken, sind ausgegangen zum Tanzen, haben morgens am Bahnhof Käsebrötchen gefrühstückt. Aber immer haben wir dann doch wenigstens eine oder zwei Stunden geschlafen, meist am Morgen des neuen Tages. Und diese wenigen Schlafeinheiten machen einen Unterschied. Nach diesem Schlafentzug, der im Wortsinne bedeutet, ich habe kein Auge zugetan, balanciere ich den ganzen Tag auf der Kippe zwischen dem Wachzustand und dem Drang zum Einschlafen.

Am Schlimmsten ist es, als ich um halb neun morgens zur Physiotherapie gehe. Ich kann mich nicht zur Massage hinlegen, ich schlafe sofort ein. Die Therapeutin weiß das und schlägt Fußreflexzonenmassage vor. Die finde ich unter normalen Umständen wunderbar, heute ist sie ein einziger Kampf. Ständig fallen mir die Augen zu, und ich höre mir selbst zu, wie ich beginne, unsinniges Zeug vor mich hin zu reden. Darüber schrecke ich dann wieder auf und spüre einen besonders festen Druck an meinen Füßen. Auch die Therapeutin hat gemerkt, dass sie fester zupacken muss, um mich vom Einschlafen abzuhalten. In diesem Zustand muss der Körper eine Energie aufwenden, um sich wach zu halten, die seltsames Verhalten zutage fördert. Und so wandeln elf verhaltensauffällige Menschen den Tag über durch die Klinik, immer bedacht darauf, sich nirgendwo hinzusetzen (das führt zu unverzüglichem Einschlafen), im Gespräch zu bleiben, den Körper in Bewegung zu halten und dabei nicht völlig die Kontrolle zu verlieren.

Als ich am frühen Morgen der Nacht ohne Schlaf die Treppe herunterkomme, sehe ich Ariane vor mir schweben. Sie liegt bäuchlings auf einem Gymnastikgummiball und schaukelt sanft vor und zurück, alle viere von sich gestreckt. Das könnte eine Rückenentlastungsübung sein. Ich vermute darin aber eher ein Zeichen der fortgeschrittenen Schlafentzugsmanie und des Kontrollverlusts. Was hätte Ariane geantwortet, hätte ich ihr außerhalb dieser Situation beschrieben, dass sie nachts in der Eingangshalle der Klinik auf einem Ball schwebt, fremde Menschen um sich herum? Sie hätte mich entgeistert angeschaut und gesagt: «Niemals!» So ein Schlafentzug bringt auch andere Seiten der Menschen hervor. Manche werden still, manche aggressiv, und manche lassen einfach locker, die Zügel ihres permanent kontrollierten und geregelten Lebens schleifen.

Am nächsten Abend, als wir gemeinsam beim Essen sitzen, zeigt sich ein solcher kleiner Augenblick des Kontrollverlusts. Wir sind nun alle fast 40 Stunden auf den Beinen, sehen aus wie der Tod und phantasieren vom Bett und vom Schlafen. Diese Ausnahmesituation bringt merkwürdige psychische Zustände hervor. Immer wieder wird der Speisesaal von unmotivierten Lachkrämpfen erschüttert. Wir alle sind maßlos albern und finden kommunikativ darin längst keinen Anschluss mehr an die anderen Patienten. Andauernd steht jemand aus der Gruppe vom Tisch auf, um für eine einzelne Scheibe Käse zum Büfett zu gehen und diesen

Vorgang regelmäßig im Takt weniger Minuten zu wiederholen. Der Hunger ist groß, das Bedürfnis nach Bewegung, um wach zu bleiben, auch immer noch.

Und dann entdecke ich, die ich wie jeden Abend auch heute eine Portion gekochten Gemüses serviert bekomme, den Leberkäse. Den vertrage ich nicht, aber nichts ist mir heute mehr egal als das. Ich nehme mir eine Scheibe Leberkäse und verschlinge sie mit Senf zu meinem Gemüse. Das reicht noch nicht. Ich nehme noch eine. Der Bauch grummelt, ich ignoriere ihn. Ariane, die neben mir sitzt, hat sich auch eine Scheibe genommen. «Das esse ich sonst nie», kommentiert sie, nachdem die Scheibe von ihrem Teller verschwunden ist.

Am nächsten Tag ist der Leberkäse Anlass für ein kurzes therapeutisches Gespräch. Beim Resümee zum Schlafentzug beschreibt der zuständige Arzt es als einen wichtigen Effekt, dass die «innere Stimme» abgeschaltet wird. Ich frage mich, was das ist, und lerne: Die innere Stimme ist sozusagen der Fachbegriff für das zweite Ich, das in der Werbung gerne als mahnende Sprechblase («Aber, aber, wer wird denn …») auftaucht. Die innere Stimme hält uns davon ab, einfach das zu tun, worauf wir Lust haben. Ich habe, glaube ich, mehrere davon. Und ich sollte vielleicht eine Zeit lang gar nicht mehr schlafen, um all diese Stimmen einmal zum Verstummen zu bringen.

Ariane ist jedenfalls nachhaltig irritiert. Kann diese eine Scheibe Leberkäse Ausdruck davon sein, dass ihre innere Stimme versagt hat? Sie traut sich aber nicht zu fragen. Später am Tag wird sie von einer Mitpatientin quasi dazu gezwungen, als diese den Arzt beim Vorbeigehen anruft: «Herr Doktor, die Ariane hätte mal 'ne Frage …» Dann fragt

Ariane verschämt nach der übergeordneten Bedeutung des Leberkäses, und der Arzt sagt: «Sehen Sie, es sind manchmal die kleinen Dinge, die uns etwas Wichtiges zeigen.» Weise lächelnd geht er davon.

AUSSENWELT UND INNENWELT

Tagelang allein zu sein ist für mich schwerer, als ich gedacht habe. Ich habe keinen Besuch bekommen. So habe ich es selbst entschieden. Ich wusste von Anfang an, dass ich die Zeit hier brauchen würde. Für mich ganz allein. Ich wusste auch, dass der Einbruch der Außen- in diese Innenwelt spürbar sein würde, vielleicht auch schwer in der jeweiligen Situation. Wie hätte es auch gehen sollen, zum Beispiel an diesen Inaktivitätstagen? Ich sitze am Fenster und starre hinaus, und der Besuch winkt mir von der Wiese zu? Ich weiß auch, dass die Rückkehr aus dieser Innenwelt in die Außenwelt ebenso schwer wird.

Ich hätte den «Zauberberg» von Thomas Mann mitnehmen sollen. Es ist absurd, weil es klingt wie ein Klischee, aber manchmal fühle ich einen Anflug der Davoser Bergluft und wäre nicht überrascht, sähe ich die Mitpatienten des Mittags in Decken gehüllt auf der Terrasse liegen. Wenn dann noch Madame Chauchat mit knallender Tür in den Speisesaal einträte, finge ich an zu zweifeln. An mir selbst, nicht an der Umwelt. Andererseits hätte die Situation auch etwas Schönes, Spannungsgeladenes. So wie Hans Castorp es alltäglich erlebt, wenn er schon im Speisesaal sitzend die Füße nicht ruhig halten kann, bevor Madame Chauchat nicht auch den Saal geräuschvoll betreten hat, «und er wusste, dass er dabei zusammenfahren und sein Gesicht würde kalt werden fühlen, was dann auch regelmäßig geschah.»[16]

Auch hier blicke ich zuweilen in kalte Gesichter. Aber sie strahlen eine andere Kälte aus, als sie im Kapitel «Tischgespräche» dem jungen Castorp widerfährt. Die Kälte, die sein Gesicht erfasst, ist ein Vorläufer der Hitze, die gleich danach sein Gesicht durchfahren wird. Die kalten Gesichter hier zeugen von Menschen, die in sich selbst erfroren sind, die manchmal nicht einmal mehr ein lautes Türenschlagen aus ihrer Verkapselung herausreißen kann.

Diese Welt ist ein einziges Innenleben. Und aus den vielen Innenleben, die hier aufeinandertreffen, setzt sich auch unser aller Außenleben zusammen. Es ist als solches beobachtbar, und niemand wundert sich mehr darüber, dass Menschen nicht geschäftig von einem Ort zum anderen eilen. Dass die meisten aussehen, als hätten sie sich entschlossen, von nun an den Rest ihres Lebens als Mitglied einer Freizeitsportgruppe zu verbringen, deren Uniform der Trainingsanzug mit dicken Frotteesocken und leichten Turnschuhen ist. Dass Menschen im Kaminzimmer zwischen anderen sitzen, etwas erzählen und dann anfangen zu weinen. Weil sie plötzlich merken und fühlen, dass etwas seit Monaten oder gar Jahren auf ihren Herzen und Seelen lastet, das dort nicht sein sollte, das aber erst recht nicht von dort nach außen dringen durfte, das einfach ihre Seelen beschwert hat, immer weiter, bis sie zerstäubt oder zerdrückt oder so verbogen waren, dass sie selbst sie kaum mehr erkennen oder finden konnten.

Ich erinnere mich an den Tag meiner Ankunft. Bis vierzehn Uhr durfte ich anreisen. Ich bin um Viertel vor eins von zu Hause losgefahren, wissend, dass ich mit dem Auto nicht einmal eine Stunde brauchen würde. Das Losfahren war schwer. Meine Wohnung wollte mich nicht loslassen. Oder ich wollte nicht von meiner Wohnung lassen. Für vier Wochen ins Exil, ins Unbekannte, in eine Welt, die ich nicht durch die von mir selbst strukturierten Vorgaben und Tagesabläufe unter Kontrolle haben könnte.

Ich würde keine Terminpläne machen, keine Verabredungen dazwischenschieben, keine Schreibaufträge annehmen können in dieser Zeit. Keine Chance also, mich davon abzulenken, was dort eigentlich mit mir geschehen sollte. Ich wusste das. Und es hat ein tiefes Unwohlsein in mir verursacht. Faktisch habe ich gedacht, die Rückkehr aus der Klinik in den Alltag würde schwer. Schon bevor ich überhaupt von zu Hause losgefahren war, wusste ich, der Abschied von zu Hause und die Reise in die Klinik war der schwerere Teil.

Ich habe einmal ein ganztägiges Seminar bei einem guten Personaltrainer in Frankfurt mitgemacht. An vieles, was ich an diesem Tag von ihm gelernt habe, erinnere ich mich. Ganz besonders aber an eines. «Fragen Sie sich, ob Sie durch eine Hinzu- oder eine Vonweg-Motivation bestimmt werden.» Eine einfache Frage, aber folgenreich. Ich habe mich das von da ab immer wieder gefragt und festgestellt, in wie vielen Teilen meines Lebens ich durch eine Vonweg-Motivation bestimmt bin, die ich zwar mit aller Kraft überwinde, aber die mich eben dauernd diese Kraft kostet und mich darüber hinaus mit mangelnder Freude und Zuwendung an Aufgaben oder Begegnungen herangehen lässt.

Ich habe auch festgestellt, dass eines meiner wirklichen Laster von dieser Demotivation bestimmt ist – das Zuspätkommen. Ich komme entweder auf den letzten Drücker oder zu spät. Nicht weil ich nicht in der Lage wäre, die Uhr zu lesen, die Zeit einzuschätzen und mich zu organisieren. Ich komme zu spät, weil ich die Entscheidung, eine Aufgabe, einen Termin oder ein Treffen in Angriff zu nehmen, wirklich bis zum letztmöglichen Augenblick (und oft eben weit darüber) hinauszögere. Dann entsteht Frustration bei mir und den anderen Beteiligten, es entsteht Stress, weil ich natürlich ein schlechtes Gewissen habe und erfolglos versuche, die selbstverursachte Verspätung noch in letzter Sekunde wieder aufzuholen, und ich beginne jede dieser Aufgaben oder Begegnungen mit einer frustrierten, abgehetzten, freudlosen Stimmung.

So war es auch an diesem Donnerstag, als ich in die Klinik kam. Mir war immer wieder noch etwas eingefallen, was mich davon abhielt, endlich loszufahren. Irgendwann war wirklich nichts mehr zu erledigen. Ich war schon dreimal am Briefkasten gewesen, um die letzte Post herauszuholen, die Blumen trieften vor Wasser, der Müll war heruntergebracht, das Gepäck im Auto. Ich fuhr los. Die Strecke ist etwa 50 Kilometer lang. Da sie um den Bodensee führt, fahre ich nur einen kleinen Teil Autobahn, der Rest sind Landstraßen und Ortsdurchquerungen, alles Straßen, bei deren Befahren man als Autofahrer besonders aufmerksam ist. Ich weiß nicht, wie ich hierhergekommen bin. Ich kann mich nicht erinnern. Ich hätte den Weg zurück auch nie gefunden, hätte ich nicht ein Navigationsgerät, das mich leiten kann. Diese Strecke ist einfach weg, verschwunden aus meinem Gedächtnis, meiner Erinnerung.

Aber ich bin angekommen. Unfallfrei und wenige Minuten bevor der Anreisezeitraum abgelaufen war. Als ich in der Lobby stand, um mich anzumelden und meinen Zimmerschlüssel entgegenzunehmen, sah ich unzählige Menschen in Trainingsanzügen und mit Wolldecken unter dem Arm quer durch die Halle laufen. «Wo bin ich hier?», dachte ich. Meine Güte.

Heute ist das anders. Längst ist die damals beobachtete Außenwelt einer Klinik zu meiner Innenwelt geworden. Ich bin selbst ein Teil dieser besonderen Atmosphäre und Umgebung geworden, die einem nach einiger Zeit plötzlich nicht mehr fremd, sondern sehr vertraut vorkommt. Die man nicht missen will und die einem im Innersten deutlich macht, dass der Weg zurück in den Alltag schwer wird, obwohl man sich doch gewünscht hatte, ihn gleich nach Ankunft hier in der Klinik wieder anzutreten.

Ich kenne nun den Anblick und die leise Geräuschkulisse, wenn eine schleichende, schlurfende Karawane von Menschen mit roten Wolldecken unter dem Arm durch die Klinik zieht. Die meisten von ihnen in die eigenen Gedanken oder in ein leises Gespräch mit dem Nachbarn vertieft. Ich bin Teil davon. Jeder von uns eine Figur wie Linus von den «Peanuts», der nie ohne seine Schmusedecke unterwegs ist. Ich warte immer darauf, dass auch meine Decke nach Wochen hier beginnt, bei jeder Bewegung eine gut sichtbare Wolke von Staub aufzuwirbeln, in der ich dann verschwinde. Und ich bin es nun, die an den staunenden Neuankömmlingen vorbeizieht, manche mit leichtem Unbehagen oder gar Entsetzen im Blick, wenn sie vom Sofa in der Eingangshalle das Treiben in der Klinik betrachten, dem sie sich alsbald anschließen sollen.

Es ist seltsam, wie bedeutungslos die Welt außen werden kann. Wie ich den Bezug zu vielen Dingen verloren habe, die mich ansonsten Tag für Tag umtreiben, oft schon morgens, bevor ich überhaupt aufgestanden bin, noch im Bett liegend, aber schon voll mit den wiederkehrenden Problemen des Alltags beschäftigt. Das alles hat hier keine Bedeutung mehr. Es kommt mir so weit weg vor, so unwirklich, geradezu irreal.

Ich träume auch nicht mehr von den Dingen, die mich sonst immer belasten. Das Zuspätkommen, das Verpassen von Zügen oder Flugzeugen, das Irren durch endlose dunkle Kellergänge auf der Suche nach einem Raum, in dem ich längst hätte ankommen müssen. Die Versuche, mit wilden Armbewegungen auf der Flucht vor etwas oder jemandem und im Wissen, ich kann fliegen, endlich vom Boden abzuheben und mich in die rettenden Lüfte zu schwingen. Ich träume nicht die Erfahrungen nach, die ich mit mir herumschleppe und nicht abschließen kann. Ich träume anders. Gefühle, Farben, Eintauchen in etwas, das ich nicht beschreiben oder gar definieren kann.

Lustige Geschichten sind es manchmal, in denen oft eine Wahrheit und Erkenntnis steckt. Vor einigen Tagen habe ich geträumt, der Mainzer Kardinal Lehmann sei Erzbischof von Köln und wolle nun Papst werden. Und ich sollte seine Pressesprecherin werden, um den Karriereschritt kommunikativ vorzubereiten und zu unterstützen. Daran ist Verschiedenes erheiternd. Zum einen, dass Lehmann eben Bischof von Mainz ist und nie in Köln war. Zum anderen, dass Papst werden in meinem Traum als Karriereschritt gilt, vergleichbar dem in den Job eines Vorstandsvorsitzenden oder Verwaltungsratspräsidenten. Das Überraschende an meinem Traum war für mich selbst aber, dass ich träumte, ich würde das damit verbundene Jobangebot für mich annehmen. Ich bin weder gläubig, noch habe ich eine – vorsichtig formuliert – zugewandte Haltung zur katholischen Kirche als Institution. Aber das alles war in meinem Traum zweitrangig. Ich wollte zurück nach Köln. Und dafür habe ich im Traum, ohne zu zögern, entschieden, Pressesprecherin des neuen Anwärters auf den Heiligen Stuhl zu werden.

Zehn Jahre habe ich in Köln gewohnt. Es waren die schönsten Jahre meines bisherigen Lebens. Nicht beruflich. Nicht weil Köln eine so unglaublich schöne Stadt wäre. Es ist eine hässliche Stadt, wenn man sie ehrlich betrachtet und mit anderen Städten der Welt vergleicht. Aber es ist die Stadt mit dem schönsten, innigsten, leichtesten Lebensgefühl, das ich mir vorstellen kann. Eine Stadt, in der ich nicht zum Bäcker gehen konnte, ohne in ein kurzes, aber immer heiteres oder überraschendes Gespräch verwickelt zu werden. Eine Zeit, in der ich samstags nicht in die Stadt zum Einkaufen gehen konnte, ohne mit mindestens drei verschiedenen Menschen unverabredet einen Kaffee oder auch ein Kölsch zu trinken und dann ohne die geplanten Einkäufe wieder zu Hause anzukommen.

In diesen Jahren habe ich ein Leben geführt, das verwurzelt und eingebettet war durch Freunde und Familie. In meiner Selbstdefinition als globale Neonomadin, als mobiles Subjekt, als flexibler Mensch, der sich durch die Welt bewegen kann wie durch seine eigenen vier Wände, habe ich niemals den Mut gehabt, darüber nachzudenken, ob mir diese Verwurzelung fehlt. Inzwischen weiß ich, es ist so. Im realen Leben würde diese Sehnsucht nach Verwurzelung für mich dennoch nicht dazu gereichen, Pressesprecherin des Bistums Köln zu werden. Aber dass ich es träume, hat mir schon viel erzählt.

Was für ein seltsamer Moment, in dem eine Neonomadin

entdeckt, dass sie nach Wurzeln sucht. Ich habe mich erst ganz langsam an diese Erkenntnis herantasten müssen. Und noch länger hat es gedauert, vor mir selbst zuzugeben, dass ich diese soziale Einbettung meiner Lebensphase in Köln vermisse, dass ich empfinde, ich habe etwas verloren. Etwas, das mir wichtiger ist, als ich es selbst wusste. Etwas, das mich traurig macht und sogar ungesund für mich ist. Die Hirnforschung hat längst eine Reihe von Studien hervorgebracht, die den medizinischen Beweis für mein Problem liefern. Eine Forschergruppe an der Harvard University hat über 72 Jahre 268 Menschen auf ihrem Lebensweg verfolgt, um herauszufinden, welche Faktoren am stärksten zum gesunden und glücklichen Altern beitragen. Das Ergebnis lautet kurz und knapp: Beziehungen sind wichtiger als alles andere. «It is social aptitude, not intellectual brilliance or social class, that leads to successful aging.»[17]

Wer in ein stabiles soziales Netzwerk eingebunden ist, hat gute Chancen, sein Leben gesund und glücklich zu verbringen. Auch Robert D. Putnam, Soziologe an der Harvard University, hat uns schon vor Jahren ins soziale Pflichtenheft geschrieben, dass man lieber einem Verein beitreten sollte, als sich ständig daran zu versuchen, zur Erweiterung des persönlichen Glücks abzunehmen, sich ins Fitnessstudio zu quälen oder das Rauchen und Trinken aufzuhören.[18] Ich muss mir mehr Zeit für Freunde und Familie nehmen. Das möchte ich gerne. Es wird mich glücklicher machen. Und es wird nach Aussage des Chefarztes sogar meine Botenstoffproduktion im Gehirn anregen, die ob der vergangenen Belastungen etwas eingeschlafen ist.

Botenstoffe, wie Serotonin, Adrenalin, Dopamin und Endorphine, sind für den Transport der Informationen zwischen den Nervenzellen verantwortlich. Sie sind die Medien der chemischen Kommunikation im menschlichen Gehirn. Bei einem Burnout oder anderen Formen der Depression ist also die Kommunikation im Gehirn gestört. Das finde ich für mich eine besonders spannende Erkenntnis. Ich leide unter einer Störung meiner «beruflichen Kernkompetenz» – der Kommunikation. Körper und Geist wissen doch ziemlich gut, wo sie Alarm schlagen müssen, damit sie endlich gehört und wahrgenommen werden.

Dazu muss ich einen Schritt zurück machen, Tempo rausnehmen aus meinem Leben und mir gestatten, mich Menschen und Orten zuzuwenden, die mir mehr bedeuten, als ich es bislang gewusst habe.

Die Verwurzelung. Sie ist etwas Weiches, Unfassbares, das einen unglaublich starken Halt entwickeln kann. Sie steckt nicht in einem als Entscheidung, die man einmal aus pragmatischen Gründen für einen Ort getroffen hat, an dem man lebt und arbeitet. Sie entwickelt sich aus den Beziehungen zu Menschen, die einem wichtig sind oder es werden und die mit einem Ort verbunden sind. Sie erwächst aus dem Empfinden, das man für sich selbst aus einer Umgebung entwickeln kann, sich wohl zu fühlen, an schöne Dinge zu erinnern, die dort geschehen sind, an Begegnungen und Augenblicke, die etwas ausgelöst haben im Innersten. Und sie entsteht aus den Geschichten, die man über das eigene Leben an diesem Ort und in Verbindung zu anderen Menschen erzählen kann. Verwurzelung ist kein geographisches Her- oder Ankommen, sie ist ein narrativer Prozess, aus dem Lebensgeschichte wird.

Ich habe vor einigen Tagen die Aufgabe bekommen, eine Stunde durch den Wald spazieren zu gehen und mir irgendetwas auszusuchen, das ich dort finde und das mir etwas bedeutet. Mit ein bisschen Widerstand habe ich diese Übung begonnen. Ich habe es nicht gelernt, mich darauf einzulassen, mein eigenes Empfinden in den Mittelpunkt zu stellen und es dann auch noch zu versinnbildlichen, beispielsweise mit einem Gegenstand. Als «esoterischen Quatsch» habe ich das oft empfunden. Wir haben uns früher im Freundeskreis über solche Ansätze lustig gemacht. Auch dazu hat sich meine Perspektive inzwischen verschoben.

Ich verstehe jetzt, dass ich dabei über Verschiedenes gelacht habe. Über Lebenshaltungen, die mir fremd waren, die ich deshalb abgelehnt habe und die sich für vermeintlich erfolgreiche und problemfreie Persönlichkeiten besonders gut eigneten, um sich darüber lustig machen. Ich habe aber auch, ohne es zu wissen, über meine eigene emotionale Inkompetenz gelacht. Ich habe mich über mich selbst lustig gemacht im Glauben daran, über andere zu lachen. Ein bisschen schäme ich mich heute dafür, wenn ich daran zurückdenke. Aber das ist auch der falsche Ansatz. Ich habe einfach erfahren, dass das Leben komplizierter ist, als ich bislang gedacht habe. Und diese Erkenntnis ist nun für mich sehr wertvoll geworden. Ich habe begonnen, mich selbst zu überprüfen, manches zu revidieren. Vor allem beginne ich, meine Wahrnehmungen zu reflektieren, die mich in den vergangenen Monaten bestimmt haben in einer Weise, die mich in mir selbst isoliert, mich zu einem Nomaden meiner selbst macht, herumirrend in mir, mäandernd durch einen Selbstentwurf, der längst nicht mehr stimmt.

Ich lebe dann in meinem Kopf. Dort tief im Innersten, versteckt zwischen den Windungen meines Gehirns, wo es dunkel und kühl ist. Meine Augen sind meine Fenster zur Welt. Ich blicke durch sie hindurch auf diese Welt wie durch zwei Schießscharten in einer meterdicken Mauer. Mein Blick ist verengt. So sehe ich immer nur das, was sich vor mir befindet, in der Verlängerung der Blickrichtung. Ich bin lebendiges Beispiel dafür, wie es sich anfühlt, den eigenen Blick in Zentralperspektive auf die Welt zu richten. Im Winkel sehe ich nichts, nicht bei neunzig, nicht einmal bei sechzig Grad.

Es ist egal, wo ich bin, wer bei mir ist, was um mich herum geschieht. Es hat alles keine Bedeutung für mich. Ich bin allein mit mir, in mir und in der Welt. Manchmal habe ich mir gewünscht, das wäre anders, aber das war irgendwann auch vorbei. Ich nutze meine Augen nur, um die Welt im Blick zu behalten, damit sie mich nicht stört, nicht in mich eindringt. Ich will sie dort halten, wo sie ist. Draußen.

So kann ich funktionieren. Ich steuere die Wahrnehmung der Welt über einfache, basale Reaktionen. Ein Wort zur rechten Zeit, eine Geste, wenn es einer Geste bedarf. Ich habe gelernt, zu sprechen und zu reagieren, ohne mich innerlich damit zu beschäftigen, mich davon berühren zu lassen. Als ob ich gleichzeitig in einem Film mitspielen und einen anderen konzentriert anschauen würde. Ich bin zweierlei, eine herzlose, seelenlose Schauspielerin der Wirklichkeit und ein Gnom des innersten Rückzugs, ein Waldschrat, der in den Verzweigungen meines Gehirns und meiner Gefühlsganglien lebt und gelegentlich daraus hervorspringt, um die Welt zu erschrecken.

Ist das ungerecht, unfair der Welt gegenüber? Vermutlich ja. Sie weiß ja nicht, was ihr geschieht. Aber manchmal ist es besser, dass sie es nicht weiß. Die Welt will betrogen werden. Sie will immer mehr verstehen, wissen, fühlen, als sie vermag. Sie will glauben, sie könne in unsere Köpfe, in meinen Kopf hineinreichen. Das ist Belästigung, und es ist Hochmut. Die Welt küsst die Kröte und bemerkt nicht den Prozess der Verwandlung, der sich vollziehen muss, bevor die Prinzessin oder der Prinz zum Vorschein kommt. Sie glaubt, das Schöne sei immer schon da, verkörpert auch durch mich. Ich bin nicht schön. Ich erwecke nur einen solchen Schein, um die Welt in Ruhe zu bewahren. Ich bin die Fratze der Verzweiflung, die sich vor meinem inneren Auge spiegelt, wenn ich versuche, durch die Schießscharten auf die Welt zu blicken.

In dieser Verengung des Blicks und Empfindens kann ich andere Menschen nicht erreichen, vor allem aber kommen sie erst gar nicht an mich heran. Selbst mit Menschen, die mir sehr nah sind, gelingt das nicht mehr. Es ist wie ein versuchter Austausch, der daran scheitert, dass unsere «Übertragungsprotokolle» nicht kompatibel sind. Die Kommunikation erstirbt im Zustand der gesendeten Signale aus Bits und Bytes. Es gelingt nicht, ihnen Bedeutung zuzuweisen, nicht kognitiv und erst recht nicht emotional. Wir spiegeln unsere Sehnsüchte. Aber die Spiegelbilder berühren sich nicht.

Ich bin auf der Suche nach einer neuen Klarheit des Wahrnehmens und Empfindens, als ich durch den Wald streife. Und dazu ist es gut, nach etwas zu suchen, was mich selbst in mir spiegeln kann und was mir helfen kann, diese Spiegelung dann auch in eine Beschreibung zu übersetzen, die andere Menschen nachvollziehen, vielleicht sogar verstehen können.

Ich muss gar nicht suchen, ich stolpere vielmehr über den Gegenstand, der all dies ausstrahlt. Es ist eine kleine Baumwurzel, in der ich mit dem linken Fuß hängen bleibe, während ich durch das nasse, zum Teil schneebedeckte Waldstück streife. Diese Wurzel ist schön, sie offenbart sich ganz, als ich den Schnee von ihr abgeschüttelt habe. Ich sehe, dass sie zum Teil mit Moos bewachsen ist. Es erstrahlt trotz der kalten Jahreszeit ganz hellgrün. Die Wurzel hat Abzweigungen, zwei größere und viele kleinere. Ich mag sie sehr in ihrem krummen, vom Wachsen im Waldboden gezeichneten Verlauf. Ich mag die Abzweigungen, die nirgendwo mehr hinführen, nachdem sich die Wurzel vom Baum gelöst hat, die aber doch ihre eigene Wachstumsgeschichte haben und einmal weiterführen und die Wurzel verankern sollten. Und ich mag dieses helle Grün, das die Wurzel in Teilen bedeckt und zeigt, wie die Natur ihren eigenen widrigen Bedingungen trotzt.

Die Stunde ist längst um. Das, was ich erst gar nicht wollte, hat mich gefesselt. Die Zeit ist verflogen. Und ich kann beschreiben, wofür dieser Gegenstand steht, der mehr mich gefunden hat als umgekehrt. Ich brauche Wurzeln. Ich brauche das Gefühl, irgendwo meinen Ort zu haben, der für mich ist und an dem ich mich wohl fühle. Und ich brauche den Raum, der an diesem Ort entstehen kann, in dem ich mich entfalten kann, um wieder zu lernen, anders wahrzunehmen. Ich muss an einem Ort sein können, um in der Welt zu sein. Eine simple Erkenntnis? Nein, sie ist für mich Ergebnis eines langen, schwierigen Prozesses des Mich-neu-Denkens. Und er hat gerade erst begonnen.

TRENNKOST UND MEHR VERBINDENDES

Ich höre ein Kommen und Gehen. Einige Zeit ist es ziemlich laut auf dem Flur und im Haus. Ein Kind rennt über den Flur, dann macht es ‹rums›, und es folgt der Schrei «Erster!». Das muss Besuch sein. Manche Familien kommen am Wochenende. Manche kommen nicht, weil sie nicht kommen wollen. Manche kommen nicht, weil sie nicht kommen sollen.

Nach einiger Zeit wird es wieder ruhig. Ich sitze hier in meinem Zimmer und fühle mich wie in einer Zeitkapsel, die irgendjemand heimlich auf die Reise geschickt hat. Ich habe schon das Gefühl für das Hier und Jetzt verloren. Also gucke ich auf die Uhr. Es ist Viertel vor eins. Jetzt gibt es Mittagessen. Da sind alle eben hingetrappelt. Ich bin froh, dass ich diesmal nicht hinmuss. Ich habe noch gar keinen Hunger. Der ist hier allerdings weder eine notwendige noch eine hinreichende Voraussetzung für das Essen. Es dringt in alle Lebens- und Denkbereiche ein, das habe ich hier schnell gelernt.

Ein kleiner Papierschnipsel, einer von vielen, die sorgsam mit virtueller Perforationslinie versehen an einem DIN-A4-Blatt am Schwarzen Brett im Foyer wie kleine Meldesoldaten in Reihe hängen. Dort, wo es zu den Toiletten geht.

Maniküre, Pediküre und kosmetische Gesichtsbehandlung kündigen sie an, und dazu gibt es eine Telefonnummer auf diesen kleinen Schnipseln. Ich wähle die Nummer. Eine Frau, deren Namen ich nicht verstehe, meldet sich. Ich frage nach Terminmöglichkeiten für eine medizinische Fußpflege. Nägelschneiden hätte ich auch sagen können, denn darum geht es im Wesentlichen. Ich brauche Hilfe, weil ich meine Nagelschere zu Hause vergessen habe.

Ich halte meinen Terminplan in der Hand, der zwar keine Vorlesungen, Mitarbeitergespräche und Projektbesprechungen enthält, sondern Massagen, Akupunktur und Gespräche, aber ungefähr so voll ist wie mein Lotus-Notes-Kalender zu Hause. Nein, am Freitagnachmittag geht es leider nicht. Da soll ich in die Tanzmeditation. Muss sie nicht wissen, diese Dame am anderen Ende der Leitung, reicht ja, wenn ich weiß, dass ich nicht kann. Doch sie weiß mehr, als ich wissen kann. Um zwölf Uhr mittags am Freitag, ja, das ginge, sage ich. «Dann wird es aber knapp für Sie mit dem Mittagessen», stellt sie kritisch fest. Ich bin erstaunt, sie kennt mich nicht, aber meine Essenszeiten. «Macht nichts», sage ich, «das verpasse ich gerne, ich esse hier eh ständig.»

Das Essen. Es hat seltsame Formen und für manch einen eine ebenso seltsame Funktion. Ich esse sonst nie regelmäßig dreimal pro Tag, also morgens, mittags, abends. Ich nehme meist ein spätes Frühstück. Vor einer frühen Vorlesung gibt es nur ein oder zwei Tassen guten, starken Assam-Tee, mehr brauche ich nicht. Und dann koche ich am frühen Abend etwas im Wok oder suche das nächste asiatische Restaurant auf.

Hier esse ich nicht nur, um zu essen. Ich werde über das Essen medizinisch und sozial organisiert. Morgens vor dem

Frühstück muss ich im Schwesternzimmer meinen Medikamentenschieber abholen, der drei Fächer hat. Damit wirklich nichts schiefgehen kann, steht auch noch drauf «morgens», «mittags», «abends». Für die Tabletten bin ich von nun an den Tag über selbst verantwortlich. Dazu gibt es vor dem Mittagessen jeweils zwei Shots mit homöopathischen Tropfen. Ich stehe am Tresen und kippe den Inhalt der Plastikbehälter in mich hinein. Ein Alkoholiker würde es nicht anders machen.

Warum die medizinische Strukturierung des Tages entlang den Mahlzeiten einen Sinn hat, merke ich während meines kommunikativen Stubenarrests. Ich habe vergessen, den Schwestern Bescheid zu sagen, deshalb bringt niemand die Medikamente. Das fällt mir auch erst am späten Vormittag ein. Ich überlege länger hin und her, ob ich sie mir einfach holen soll. Das birgt die Gefahr, dass mich auf dem Weg nach unten jemand anspricht, und ich soll ja nicht reden. Dann gehe ich doch los, ich brauche auch neues Wasser. Prompt begegne ich im Foyer einer jungen Frau, die mit mir am Tisch sitzt. Ich lächele und lege den Zeigefinger an den Mund. Sie nickt. Als ich mein Wasser gezapft und meine Medikamente geholt habe, hält sie mir auf dem Rückweg zur Treppe einen kleinen Zettel hin. «Einen schönen Tag noch ☺» steht darauf. Das finde ich nun wirklich reizend von ihr und winke ihr zu. Ich weise den Zettel an sie zurück und versuche damit wortlos zu sagen: «Dir auch!»

Es sind die Begegnungen und sozialen Kontakte, die über die Mahlzeiten strukturiert werden und jemanden wie mich davon abhalten, auch ohne medizinischen Stubenarrest auf dem Zimmer zu versauern. Dreimal am Tag treffe ich die anderen Patienten und übe mich in Smalltalk und Alltagskonversation, die gar nicht alltäglich ist, weil sie sich im Wesentlichen um das enge Lebensumfeld in dieser Kurklinik dreht. Und ums Essen. Und das kann sogar Auslöser eines sozialen Gruppenkonflikts werden.

Gleich am ersten Abend habe ich festgestellt, dass es im Speisesaal eine Zweiklassengesellschaft gibt. Im vorderen größeren Raum essen die Kassenpatienten, im hinteren durch Glas eingefassten Raum (genannt «das Aquarium») essen die Privatpatienten. Was das für ein Unsinn sei, möchte ich am nächsten Tag wissen. Die Krankenkassen verlangen das so, lautet die Antwort. Letztlich ist es egal, so scheint es mir, denn ich kann jeden auf dem Weg in den hinteren Saal treffen und ansprechen, davon hält mich keine Kassenvorschrift ab. Aber ich kenne noch nicht den entscheidenden weiteren Unterschied. Bei uns im Saal – ich bin auch privat versichert – gibt es ein Wahlessen mehr. Und an der Stelle wird es haarig.

Eines Mittags werden uns Dampfnudeln serviert, die es im anderen Saal nicht gibt. Der junge Mann, der gerade neu an meinem Tisch Platz genommen hat, isst tatsächlich fünf Stück davon. In der folgenden Therapiestunde erzählt er freimütig, dass sein dicker Bauch mit den Dampfnudeln ihn an der Gymnastik hindert. Dampfnudeln? Dreißig Köpfe drehen sich zu ihm. Er erzählt unbeirrt weiter. Jetzt bricht ein Aufstand los: Wieso gibt es für die etwas, was es für uns nicht gibt? Ich hätte sagen können, hey, Leute, die Dinger sind ungesund und machen dick. Aber es hätte nichts genutzt. In diesem Moment ist es wie mit kleinen Kindern, die aus Prinzip etwas auch wollen, selbst wenn sie gar nichts damit anfangen können. Ich liege also mit geschlossenen Augen auf meiner Matte und warte einfach ab, bis der kollektive Wutanfall vorbei ist. Tagelang wird unter den Patienten noch über die Dampfnudelungerechtigkeit gesprochen.

Ich habe vor meiner Krankheit nie großartig über Essen nachgedacht. Ich aß einfach gerne, weil ich Hunger hatte oder aus Genuss. Meist ging ich ins Restaurant, weil es so viele beruflich bedingte Essenstermine gab und weil ich nicht kochen konnte. Ich habe mir auch nie Mühe gegeben, das Kochen zu lernen. Mit meinem selbsttherapeutisch geschulten Blick vermute ich dahinter inzwischen eine Trotzreaktion gegen meine Mutter. Ihr musste ich immer helfen, aber nicht beim Kochen, sondern bei den niederen Zuliefererätigkeiten, also beim Spülen und Abtrocknen. Das habe ich gehasst und versucht, mich so oft wie möglich davor zu drücken. Wann immer es spannend wurde und ans Kneten, Zusammenrühren oder an noch kompliziertere Verfahren ging, war ich raus aus dem Spiel. Nicht zu kochen, das war die Verweigerung gegenüber einer Grundkompetenz, die meine Mutter für sich in Anspruch nahm. Heute koche ich. Die Krankheit hat mich dazu gebracht und mir eine neue Welt eröffnet: den Zugang zu einer kreativen, meditativen und genussorientierten Betätigung, die dazu noch Gesundes hervorbringt. Meine asiatischen Gemüsenudeln essen meine Freunde mit Freude und in großen Mengen.

Während ich hier esse, nehme ich Nährstoffe auf, jedenfalls hoffe ich das immer noch inständig, während der Zweifel mich regelmäßig befällt. Ich kann mich kaum erinnern, wann ich je in den vergangenen Jahren so fetthaltig gegessen hätte. Selbst die Gerichte in unserer Universitätsmensa, über die man wahrlich nicht immer in Begeisterungsstürme ausbrechen muss, sind leichter und gesundheitsorientierter als diese Kost. Begriffe wie «Trennkost» könnte ich auch auf Kisuaheli sagen, es hätte den gleichen Effekt, nämlich gar keinen. Eine Woche lang kämpfe ich gegen gebundene Saucen, Salat und Brot zum Abendessen, Wiener Würstchen und Käsenudeln, alles Dinge, die ich nicht essen kann, will ich nicht unmittelbar nach dem Essen vor lauter Magen- und Bauchschmerzen den Rest des Abends und die Nacht in einer 90-Grad-Krümmung meines Körpers verharren müssen. Inzwischen ist es mir gelungen, mich in verzweifelter Überlebensgemeinschaft mit der Küche neu zu organisieren.

Das Frühstück, die Dinkelflocken mit Walnüssen und ein paar getrockneten Früchten, bringe ich mir selber mit und veranstalte an jedem Morgen ein zehnminütiges Tütenknisterkonzert, bis die Zutaten gemischt und mit etwas Sojamilch übergossen sind, sodass ich frühstücken kann, wenn alle anderen fast fertig sind. Mittags beschränke ich mich meist auf die Beilagen (Kartoffeln mit Brokkoli), und abends bekomme ich nach mehrmaligem Nachhaken meiner Ärztin dann regelmäßig gedünstetes Gemüse. Als die Küche das endlich verstanden hat, ist sie so glücklich darüber, dass es von nun an eigentlich nur noch ein Gericht für mich gibt, das im Wechsel mittags und abends vor mir auf dem Tisch steht: Gemüse mit Kartoffeln oder Kartoffeln mit Gemüse.

Zwei Wochen halte ich das problemlos aus, dann wird es langsam schwierig. Ich entdecke zu meinem Erstaunen einen Bioladen im benachbarten Städtchen, der auch Tofu führt. Ich kaufe einen Tofuvorrat, der von nun an bei mir auf dem Balkon wohnt. Bei Temperaturen knapp über null Grad geht das ganz gut. Die abgepackten Tofuscheiben liegen in einer Plastiktüte auf dem Balkon. Ein bisschen komme ich mir vor wie ein Alkoholiker, der seine Flaschen vor den Putzfrauen versteckt, und warte auf die erste Tütenkontrolle oder auf den Moment, in dem der Tofu einfach von meinem Balkon verschwunden ist. Es verschwindet, allerdings sukzessive dadurch, dass ich ihn zu meinen ewig gleichen Gemüsehäufchen zum Mittag- oder Abendessen verzehre.

Ich nehme also Nährstoffe auf, und ich kreise ums Essen. Nicht weil ich darum kreisen wollte, sondern weil ich von vielen anderen Anwesenden immer im Kreis durch einen Gedanken- und Gesprächsstrom gezogen werde, der gelegentlich über das Essen kaum hinauskommt. Eine meiner Tischnachbarinnen beginnt regelmäßig, über die nächste Mahlzeit nachzudenken, bevor die aktuell anstehende überhaupt begonnen hat. Sie wird in ihrer konzentrierten Vorausplanung des *nächsten* Essens vor Beginn *dieses* Essens logistisch durch die Regelungen zur Küchenplanung unterstützt.

Für jeden Mittag müssen wir frühzeitig verschiedenfarbige Aufstecker an unseren Serviettentaschen anbringen, um zu signalisieren, für welches Gericht wir uns entschieden haben. Das macht mir gewisse Probleme, nicht nur weil ich bei jedem Gericht Sonderwünsche anmelden muss, da ich ärztlich verordnet fettarme Trennkost essen soll, die selbst durch das vegetarische Gericht (ein grüner Aufstecker, denn grün ist die Hoffnung darauf, dass irgendwann vegetarisch gleichbedeutend sein möge mit der Befreiung von Soßen, die sicht- und schmeckbar durch Bindemittel gehalten werden) nicht gewährleistet ist.

Ich fühle mich auch zumindest anfänglich in meiner Wahlfreiheit eingeschränkt. Ich weiß am Abend nämlich eigentlich nicht, was ich am nächsten Mittag essen möchte (geschweige denn, ob ich überhaupt zu Mittag essen möchte). Aber diese Feinheiten der freiheitlich-basisdemokratischen Ernährung sind in solch einem Klinikbetrieb sicherlich kaum umzusetzen. Also füge ich mich in die rot-blau-grünen Farbspiele und mache mein kleines Memory. Mittags versuche ich mir zu merken, welches Gericht hinter welcher Farbe steckt, und versage mir, abends erneut nachzuschauen, auch wenn ich weiß, dass ich vergessen habe, was was war. So gibt es jedenfalls immer wieder Überraschungen, die manchmal auch dazu führen, dass ich gar nichts esse.

Es fällt leicht, sich vorzustellen, dass die einzelnen Tische in den beiden Speisesälen sich gut und gerne die Zeit bis kurz vor dem Dessert damit vertreiben können, eine Konversation um diese vorausschauende Wahl zu stricken. Das Dessert habe ich zu Beginn meines Aufenthaltes abbestellt, ebenso wie die kalte Vorspeise, die zwischen Calamari, in Teig frittiert, und Shrimpscocktail mit viel Mayonnaise schwankt. Auch das darf und sollte ich wirklich nicht essen. Dennoch finden sich sowohl Vorspeise als auch Dessert regelmäßig an meinem Platz.

Nachdem ich die Küche mehrmals erfolglos daran erinnert habe, dass ich beides nicht benötige, gebe ich auf. Nicht ohne dass dadurch ein neues Problem entstanden wäre, das auf meine Eigenschaften des Fremdkümmerns anspielt. Die essensfixierte Tischnachbarin leidet auch unter Magenproblemen und erzählt ausführlich davon, während sie in Ruhe ihre mayonnaisehaltige Vorspeise verzehrt. Es bleibt nicht bei *ihrer* Vorspeise. Sie geht danach nahtlos zu meiner über, die ja in der Tat zweckfrei auf dem Tisch herumsteht. Da ich ein höflicher Mensch bin, schiebe ich sie ihr anstandslos hinüber, nicht ohne mich zu fragen, ob zwei dieser Becher mit Krabbencocktails nicht doch etwas belastend für einen kranken Magen sein müssten.

Die Situation wiederholt sich täglich. Ich mache mir Sorgen um den Magen meiner Tischnachbarin. Auch unter dem Gesichtspunkt einer diätetischen Kost, die manch einer der Gäste zu sich nehmen soll, stellt sich hier ein Problem. Meine Tischnachbarin, die regelmäßig zu Mittag einen hellblauen Frotteetrainingsanzug trägt, der meine Befürchtungen mit materieller Anschauung unterlegt, macht sich diese Gedanken offenbar nicht. Sie frönt konsequent dem Es(s)-kapismus. Ich soll hier auch lernen, auf mich zu achten und mir nicht immer den Kopf anderer zu zerbrechen. Das fällt schwer, wenn ich diesen Kopf jeden Tag vor mir sehe, Gabel für Gabel das Essen zum Mund beförderend, in den Kaupausen das Gespräch aufnehmend, über Essen: «Ich brauche heute Nachmittag unbedingt etwas Süßes.» Was tut man in einer solchen Situation?

Während ich über all diese Dinge nachdenke, arbeitet sich die robuste Kosmetikerin an meinen Füßen ab. Sie knipst, feilt, rubbelt und cremt, fast als wolle sie etwas Neues, Schöneres aus meinen Füßen formen. Nur für einen Blick auf ihre Armbanduhr unterbricht sie ihr Werk kurz: «Jetzt schaffen Sie es aber wirklich nicht mehr.» – «Wie bitte?», frage ich, noch ganz in Gedanken. «Das Mittagessen!», sagt sie. «In ein paar Minuten wird schon abgeräumt, da sind sie streng bei Ihnen.»

MEIN KATEGORIENFEHLER

Es ist fast drei Uhr. Ich muss eingeschlafen sein. Diese Stille macht müde. Ich höre auch fast keine Geräusche. Das ganze Haus scheint in die Mittagsruhe verfallen zu sein. Einige machen sicher auch einen Sonntagsausflug, um einfach mal rauszukommen. Ich sollte eigentlich nicht schlafen. Schlafen in der Nacht, das ist erlaubt. Am Tag soll ich aus dem Fenster schauen und beobachten. Das Außen und mein Innen. Und mir Fragen stellen.

Manchmal, immer wieder sogar frage ich mich, was meine Situation zu bedeuten hat, wie sie bewertet werden kann durch mich selbst, aber auch wie sie durch andere interpretiert wird. Wie gehen andere mit ihrer Situation um? Und wie gehen sie mit meiner um? Kann man Zustände des Krankseins, des Nichtfunktionierens vergleichen? Gibt es schlimmere, weniger schlimme Ausprägungen, sind unterschiedliche Gründe für Krankheit mehr oder minder akzeptiert? Als ich meine Ärztin danach frage, schüttelt sie nur den Kopf. «Das sind die falschen Fragen.» Aber ich stelle sie mir doch. Deshalb brauche ich Antworten darauf.

Mein Aufenthalt in der Klinik hat mir einige, nicht alle Antworten gegeben. Die meisten davon liegen in einem langwierigen und schwierigen Prozess, während dessen ich lerne, meine eigene Situation anzunehmen. Und auch dabei hilft es zu erkennen, dass ich nicht allein bin, dass ich nicht die Ausnahme in einem Räderwerk der überall und immer gültigen Regeln bin. Bei so vielen Menschen kommt das Gefüge ihres bisherigen Lebens nicht als strahlende und tragende Konstruktion wundersam passend ineinandergreifender Verstrebungen aus witterungsbeständigen Materialien daher.

Es ist oft nicht das Gesamtkunstwerk, hinter dem ein großer Plan und eine künstlerische Begabung zur Umsetzung, Gestaltung und ästhetischen Ausformung von Leben steht. Es ist vielmehr ein baufälliges, einsturzgefährdetes Chaos von angerosteten, zuweilen starren und unbeweglichen Verstrebungen, die mal ineinandergreifen, mal einfach ins Leere laufen und dabei oft genug hässlich scheinen, wenn man sie als Ganzes anschaut. Manchmal fühlt es sich für mich hier auch so an, als schreckten mich einzelne dieser Streben oder gar die Gesamtkonstruktionen anderer ab, als bedrohten sie mich in meiner Unverletzbarkeit und Unversehrtheit, als liefe ich durch Annäherung Gefahr, in eine dieser rostigen Streben hineinzugeraten und mich daran aufzuspießen. Als würden dann meine Lebenssäfte aus der aufgerissenen Wunde herauslaufen, kleine Pfützen bilden am Boden, die nur sehr langsam trocknen und hässliche Flecken hinterlassen, die jeder sehen kann, der des Weges kommt. Die Putzfrau wird irgendwann versuchen, Ordnung zu machen und diesen Flecken mit dem Schrubber zu Leibe zu rücken.

Es gibt auch Momente, in denen sich einzelne Streben aus diesem Gefüge, aus der Konstruktion einer individuellen Lebensgeschichte lösen, an denen ich mich entlangtasten kann. Sie fühlen sich rau an, kalt, manchmal ganz schrecklich bedrückend. Aber ich kann auch fühlen, wie sie geladen sind mit positiver oder negativer Energie, die einen Menschen treibt oder bremst. Ich taste mich entlang durch Fragen, langsame, leise, vorsichtige Fragen, auf die es zaghafte, ebenso leise, manchmal ratlose Antworten gibt. Die Antworten sind wieder Fragen, an sich selbst oder an mich.

Dieses Erfahrungserzählen ist für mich wie die erste Stunde eines Tanzkurses für jemanden, der sich in seinem Leben noch nie zur Musik bewegt hat. Alles ist neu, unbekannt, macht ängstlich, aber auch neugierig. Und in diesen tastenden Erzählbewegungen, die wie ein leiser Wind zwischen Dünen hin und her gehen, aufbrausen und wieder abflauen, erscheinen Geschichten, die ein Leben erkennbar werden lassen – nicht als wundersame Konstruktion nach göttlichem oder selbstgemachtem Plan, sondern als Reihung und Verkettung von Zufällen, Schicksalsschlägen, Fehlentscheidungen und Unzulänglichkeiten.

Solche Lebensverstrebungen lösen sich im Gespräch aus der manchmal mit Mühe gehaltenen Gesamtkonstruktion. Dann zum Beispiel, wenn ich doch einmal nicht allein, sondern mit einem anderen Patienten zusammen spazieren gehe. Zwei Menschen, die sich nicht kennen, nur mit Blicken ein klein wenig abgetastet haben und irgendwie mögen. Zwei, die unsicher, aber neugierig aufeinander sind. Es gibt keine institutionelle Rahmenhandlung (was machst du, was mache ich? Wo stehst du, wo stehe ich? Was hast du erreicht, was ich?), sondern einfach eine reflexive Erzählbewegung, die unsere Gefühle und Gedanken vorantreibt und unsere Körper gleich mit. Dass wir immer wieder über vereiste Waldwege laufen müssen, die zwischendurch unsere gesamte Konzentration fordern, dass zuweilen Abschnitte des Wegs auf den abschüssigen Strecken nur auf dem Jeanshosenboden zurückgelegt werden können, löst die Knoten im Erzählstrang, bevor sie überhaupt entstehen können. Es sind die offensten und freiesten Gespräche, an die ich mich seit langem erinnern kann. Und am Ende stehen oft die Fragen: Was können Menschen aushalten, und warum geht das so lange?

Es ist meist eine Kombination von privaten und beruflichen Fehlentwicklungen, Schicksalsschlägen oder Katastrophen, die Menschen an den Punkt bringt, dass sie für eine Zeit aussteigen müssen aus ihrem normalen Leben, um gesund zu werden, um wieder zu sich zu finden und neue Kraft zu tanken. Eine Krebserkrankung, der Tod oder die Trennung des Partners, ein Verkehrsunfall, überzogene Anforderungen am Arbeitsplatz, überhöhte Anforderungen an sich selbst. Es ist fast wie ein magisches Kartenspiel, bei dem man die Karten so oft mischen kann, wie man will, es kommt immer eine Kombination heraus, die passt.

Während ich hier in meinem Zimmer sitze, tut sich etwas auf dem Flur. Ich höre Menschen reden und lausche. Zwei Frauen unterhalten sich, ich kann an den Stimmen nicht erkennen, wer das sein könnte. Sie sehen außer sich wahrscheinlich niemanden auf dem Flur und denken, sie wären allein. Tatsächlich ist das Haus recht hellhörig, sodass ich – ebenso wie die anderen auf ihren Zimmern – jedes Wort verstehen kann. Die beiden sprechen über ihren Zustand, den Grad ihrer Depression. «War das bei dir immer so schlimm?», höre ich die eine fragen. «Nein, früher war es besser, aber seit ich den Job gewechselt habe, geht gar nichts mehr.» – «Ich habe neulich einen Artikel in der Zeitung gelesen», berichtet die andere. «Da schrieb ein Manager über seinen Umgang mit der Depression. Ihm hat geholfen, dass er einen hohen Grad an Regelmäßigkeit in sein Leben gebracht hat, um sich daran zu orientieren. Seitdem geht es ihm besser.»

Das kann ich gut verstehen. Regelmäßigkeit klingt so langweilig. Aber sie ist so wichtig, wenn man überleben will. Irgendetwas muss uns einen Halt geben und Leitplanken einziehen, damit das eigene Leben nicht aus dem Ruder läuft. Das habe auch ich längst verstanden. Doch der Weg vom Verstehen zum Umsetzen ist wie immer schwer. Ich habe bislang versucht, meine Leistung, meine Erfolge, meinen Input, meine Schnelligkeit zu steigern, irgendwie immer auf der Suche nach dem nächsten Kick, der genug Adrenalin ausschüttet, damit ich mich gut fühle und weiß, es ist richtig, was ich mache. Oder in Verantwortung für die Lösung eines Problems der anderen, durch das ich mich in die Pflicht genommen sah.

Das geht lange gut. Bei mir ist es fünfzehn Jahre gutgegangen. Dann war Schluss. Und wenn die Kicks dann nicht mehr kommen, wenn man nicht mehr die Lösung des Problems für andere finden kann, weil man einfach keine Kraft mehr hat, die man investieren muss, um beides herbeizuführen, dann kommt die Frustration, womöglich auch die Depression. «Wozu das alles?», das hat sich hier zweifellos jeder und jede schon mindestens einmal gefragt.

Es ist die ganz große Frage nach dem Sinn des Lebens, wie sie Terry Eagleton[19] in seinem kleinen Büchlein stellt, die uns immer wieder bewegt. Und wir glauben, nach Antworten zu suchen. Dabei scheitern wir meist schon daran, die Fragen richtig zu stellen. Ich habe früher nie das Empfinden oder Bedürfnis gehabt, nach Antworten auf diese Frage zu suchen. Ich habe sie mir auch nicht gestellt. Wahrscheinlich war es eher so, dass ich mir gar keine Zeit gelassen habe zu merken, dass es richtig und wichtig wäre, sie zu stellen.

Und was wäre geschehen, wenn ich sie gestellt hätte? Wenn ich morgens ins Büro gekommen wäre zum Jour fixe mit meinen Mitarbeitern und gesagt hätte: «Guten Morgen, schön, dass Sie alle da sind. Ich würde gerne heute Morgen zunächst mit Ihnen besprechen, was der Sinn des Lebens ist.» Vielleicht hätten sie gelacht, mich verdutzt angeschaut. Vielleicht hätte auch jemand gesagt: «Wow, das ist eine tolle Frage, zu der es meines Wissens noch keinen einzigen englischsprachigen Aufsatz in den Journals der Harzing-Liste[20] gibt. Da tut sich ein Themenfeld auf, das wir unbedingt besetzen müssen. Ich schlage als Arbeitstitel vor: ‹Implicit theoretical assumptions on the sense of human being and their impact on group communication in listed corporations›.»

Wenn es mehrmals vorgekommen wäre, hätte mich einer meiner Mitarbeiter sicher zur Seite genommen und gefragt: «Geht es Ihnen gut?» oder gesagt: «Sie brauchen wohl mal Urlaub.» Im Alltag nach dem Sinn des Lebens zu fragen ist in etwa so passend und mutig, wie im Schlafanzug zu einem Empfang des Bundespräsidenten zu gehen. Der Blick auf das große Ganze spielt in unserer Alltagswelt selten eine Rolle. Wir funktionieren. Wir bewältigen Herausforderungen und lösen Probleme, die nicht mehr Probleme heißen dürfen, sondern auch Herausforderungen heißen. Oder wie Terry Eagleton schreibt: In unserer desillusionierten, vom Metaphysischen befreiten Welt «ist das ›Leben‹ nur eine von vielen in Misskredit geratenen Totalitäten».[21]

Auch ich habe mein Leben bislang als zu lösende logistische Herausforderung begriffen. Ein Leben zwischen St. Gallen in der Schweiz und Berlin, dazwischen müssen all die beruflichen Termine in München, Hamburg, Frankfurt untergebracht werden, ebenso wie die Reisen in die USA, nach Peking, Singapur, Dubai, Abu Dhabi, Istanbul, Moskau oder wo immer gerade ein Projektmeeting oder eine Konferenz stattfindet. Ich habe mein Zuhause nur noch als Wäscheumschlagplatz begriffen, für mehr war auch keine Zeit. Ich musste mittwochabends darüber nachdenken, welche Jeans ich wohl vierzehn Tage später auf einer Party in Berlin würde anziehen wollen und welche Schuhe zu dem grüngrauen Abendkleid passen könnten, das beim Botschaftsempfang am Vorabend erwartet würde. Das Kleid musste auch noch sorgsam verpackt werden, ebenso wie leichte Kleidung für die mehr als 30 Grad in Peking, warme Kleidung für Hamburg und Berlin und so fort.

Ich habe Nacht für Nacht davon geträumt, wie ich den Koffer packe oder dass ich etwas vergessen habe. Und wenn ich nicht das geträumt habe, dann habe ich geträumt, ich stünde am Flughafen und hätte meinen Flug verpasst oder wäre Schuld daran, dass andere ihren verpasst hätten. Ich bin nachts aufgewacht, meist schweißgebadet, und mir fiel ein, wo ich noch nachhaken, anrufen oder etwas abliefern musste. Dann stand ich auf und schrieb es auf einen Zettel. Ich hätte sonst nicht wieder einschlafen können, weil die unerledigte Aufgabe wie eine Zentrifuge in meinem Kopf rotierte, meine gesamte Aufmerksamkeit in Anspruch nahm und jeden Versuch, wieder einzuschlafen, in die entferntesten Sphären der Nacht hinausschleuderte. Ich bin oft gegen zwei oder drei Uhr wach geworden und konnte einfach nicht wieder einschlafen. Manchmal habe ich dann gelesen und es irgendwann geschafft, noch einmal in einen unruhigen Schlaf zu fallen. Wenn es früher Morgen war, irgendwann nach vier, habe ich mich an den Computer gesetzt und Dinge abgearbeitet, die liegengeblieben und noch zu erledigen waren, oder E-Mails geschrieben.

Immer wieder ging es mir schlecht, wenn ich wieder einmal ständig unterwegs war. Dann wurden meine Herzrhythmusstörungen so stark, dass ich auch davon nachts aufwachte. Manchmal fühlte es sich an, als müsse mein Herz eine enorme Kraftanstrengung aufbringen, um diesen einen Pumpstoß zu bewältigen, der dann irgendwann kam und die Anspannung in mir wieder löste. Und oft, sehr oft, ging mein Kreislauf weg, und mir wurde übel.

Ich saß im Zug nach Interlaken, um einen Vortrag auf einem Kongress im Hotel «Jungfrau Victoria» zu halten. Da ich am späten Vormittag im Programm eingeplant war, aber nicht hatte in Interlaken übernachten wollen, fuhr ich mit der Bahn um 5.42 Uhr von St. Gallen aus los. Solche Touren hatten zur Folge, dass kaum je mehr als drei Stunden Schlaf möglich waren. Ich saß abends immer noch zu lange am Schreibtisch und arbeitete. Auch gefrühstückt hatte ich nichts, das ließ sich ja im Zug nachholen. Etwa auf der Hälfte der Strecke trank ich einen Kaffee. Kurz darauf merkte ich, wie mein Kreislauf anfing verrücktzuspielen. Mir wurde heiß, und ich war innerhalb von einer Minute am ganzen Körper nass geschwitzt. Und dann wurde mir übel. Das Gefühl dieser verschiedenen Symptome war das eines Dampfkessels unter Überdruck.

Solche Situationen gab es sehr oft. Und ich habe sie immer niedergekämpft, mit Willenskraft und Traubenzucker. Manchmal ging es auch schief, aber meistens kriegte ich mich wieder in den Griff, rechtzeitig zu dem Termin, zu dem ich funktionieren musste. Ich erinnere die Fahrt nach

Interlaken deshalb so genau, weil das einer der heftigsten Anfälle war. Als ich am Ziel angekommen war, ging es mir immer noch nicht wieder richtig gut. Also ging ich in das Bahnhofscafé und kaufte mir eine Cola light und ein Käsebrötchen. Ich aß und trank im Stehen, nicht ohne dabei noch einen wissenschaftlichen Aufsatz zu lesen, in dem ich eine Stelle suchte, die ich in meinem Vortrag verwenden wollte. Der Vortrag lief gut. Ich war konzentriert, konnte in der entscheidenden Situation noch die notwendige Energie aufbringen. Die Fahrt zurück im Zug habe ich fast nur geschlafen. Ich war am Ende.

An dem Tag, an dem ich zusammengebrochen bin, war ich in Berlin. Ich war wieder fast sechs Wochen am Stück unterwegs gewesen und musste nun meine Sachen packen, um in die Schweiz zurückzukehren. Ich fing an, alles zusammenzusuchen und in zwei Koffer zu packen. Aber es ging nicht. Ich stand wie festgefroren zwischen den Koffern und den Kleidungsstücken und konnte mich nicht orientieren. Wie der Esel, der zwischen zwei Fressnäpfen steht und sich nicht für einen entscheiden kann, sodass er schließlich verhungert. Ich habe etwas hier hinein- und etwas anderes dort hineingepackt, aber es hatte keinen Sinn und wurde nicht weniger.

In meiner Verzweiflung habe ich mich dann an den Computer gesetzt (an sich schon eine völlig unsinnige Reaktion, Überlastung mit neuer Belastung zu kompensieren, aber für mich durchaus typisch) und in meine E-Mails geschaut. Als ich dort etwa fünfzig rote, also ungelesene Mails sah, die seit dem vergangenen Abend eingetroffen waren, habe ich angefangen zu weinen und konnte auch nicht wieder aufhören. Es waren genau diese beiden Energieräuber, denen ich an diesem Morgen wieder ausgesetzt war und die eine

Kernschmelze bei mir verursacht haben: Reisen und Informationsüberlastung.

Bislang habe ich versucht, die zunehmende Belastung durch Mobilität und Information *quantitativ* zu bewältigen. Ich habe einfach noch mehr gearbeitet, bin in noch kürzeren Abständen gereist, war noch weniger zu Hause, habe noch weniger geschlafen, um mit den Dingen, die da harrten, irgendwie fertig zu werden. Aber der Mensch ist in seiner Leistung nicht unendlich steigerungsfähig. Im Gegenteil. Wenn er seinen Höchstleistungspunkt immer wieder oder dauerhaft überschreitet, tritt eine Gegenreaktion ein. Ich wurde langsamer, weniger leistungsfähig, immer unkonzentrierter, emotional immer unstabiler, empfindlicher. Ich hatte oft das Gefühl, ganz grundlos traurig zu sein. Ich sah keinen Sinn mehr in vielem, was ich tat.

Ich bin ein Opfer meines individuellen existenziellen Kategorienfehlers geworden. Indem ich versucht habe, die negativen Folgen von quantitativer Überlastung durch quantitative Leistungssteigerung zu bewältigen, war ich von Beginn an auf Misserfolg programmiert. Ich habe versucht, mit quantitativen Kategorien qualitative Probleme zu lösen. «Wie viele Aufsätze muss ich schreiben, um geliebt zu werden?» Oder: «Wie viele Flugmeilen muss ich pro Jahr absolvieren, um attraktiv zu bleiben?» Das eine hat jeweils mit dem anderen nichts zu tun und ist sicher auch etwas überpointiert. Aber genau in diesem Missverhältnis liegt das Problem.

In dem Roman «Per Anhalter durch die Galaxis» von Douglas Adams[22] soll der Computer «Deep Thought» die endgültige Antwort auf die Frage nach dem Universum ausrechnen. Nach siebeneinhalb Millionen Jahren spuckt er das

Ergebnis aus, es lautet: «42». Ich werde in diesem Jahr 42, aber ich habe keine Antwort auf die Frage nach dem Universum, nicht einmal auf die nach meinem eigenen kleinen Universum, in dem nur ich um mich selbst und eine geringe Zahl mir wichtiger Menschen kreisen muss.

Ich könnte vermuten, dass es mindestens zehn in einem wissenschaftlichen Qualitätsverfahren evaluierte Aufsätze und fünf Bücher sein müssen, die mein Professorinnenleben wertvoll machen und die Investitionen in mich im Laufe meines Erwachsenwerdens, meiner Bildung und Erziehung und meines monatlichen Gehalts, das ich von der Uni bekomme, rechtfertigen. Vielleicht sind es mehr, vielleicht auch weniger. Aber unabhängig davon, wie viele es sind, sie haben keinerlei Einfluss darauf, ob ich geliebt werde, den richtigen Partner finde oder gefunden habe oder gesund bin. Ich könnte ausrechnen, dass ich im Jahr etwa 43 200 Flugkilometer allein zwischen Zürich und Berlin absolvieren muss, um mein Privatleben einigermaßen in Gang zu halten, wenn ich davon ausgehe, dass es schön wäre, sich einmal in der Woche zu sehen, und ich weiterhin davon ausgehe, dass jeder von uns zweien zweimal im Monat reist. Diese Rechnung ist mathematisch logisch. Sie enthält aber keinerlei Informationen darüber, ob sie aus meiner derzeitigen Lebenssituation heraus sinnvoll und angemessen ist. Und sie sagt auch nichts darüber aus, ob die Beziehung, die durch diese Fliegerei überhaupt erst möglich wird, glücklich oder unglücklich ist.

Wie immer ich alles drehe und wende, was ich zu verstehen beginne – ich werde mit quantitativen Kategorien nicht meine Probleme der Lebensqualität und des Lebenssinns lösen können. Ich hätte schon vor zwei Jahren anfangen müssen, *qualitativ* und grundsätzlich etwas an meinem Leben zu ändern. Wenn ich zurückschaue, dann glaube ich, dass ich das auch intuitiv gewusst habe. Dass ich gespürt habe, wie meine Kräfte schwinden, die Frustration wächst und der Körper abbaut. Aber ich habe meine Intuition nicht nutzen können. Dafür hat es eines allseits sichtbaren Stoppschilds bedurft. Das steht seit einigen Monaten nun nicht nur klar sichtbar vor mir, es ist mir erst mal mit voller Wucht auf den Kopf gefallen, sodass ich wie benommen war und mich regelrecht neu orientieren musste.

Deshalb sitze ich jetzt hier seit Stunden auf meinem Zimmer, ohne mit jemandem zu sprechen, ohne zu lesen, ohne meine geliebte Musik zu hören. Eben wäre es fast passiert. Ich kam aus dem Bad und wollte intuitiv meinen iPod anstellen. Im letzten Moment habe ich zurückgezuckt. Aber so langsam wird es mühsam. Kann denn Musik so störend sein beim Suchen und Finden von Gedanken und Gefühlen, die mir helfen sollen, meine Situation besser zu verstehen und Auswege zu markieren? Musik ist bei mir vielmehr ein Gefühlskatalysator. Ich weine selten. Ich kann es nicht gut, schon gar nicht, wenn andere Menschen um mich herum sind. Aber bei einer bestimmten Musik, da geht es sofort los, und die Tränen laufen. Das habe ich hier in meinem Zimmer schon einige Male bewusst zugelassen. Weinen ist gut. Das Alte und Belastende fließt ab, um Raum für Neues zu schaffen. Noch besser wäre es vermutlich, wenn ich nicht Situationen schaffen müsste, um allein vor mich hin weinen zu können, sondern wenn ich es einfach könnte, egal in welcher Situation und wer noch dabei ist.

So langsam wird es dunkel. Ich sitze wieder auf dem Holztisch am Fenster. Inzwischen habe ich mal geduscht und den

Schlafanzug gegen Jeans und Pullover getauscht. Nicht dass es dafür irgendeine Notwendigkeit gegeben hätte. Heute sieht mich sowieso keiner mehr. Aber ich finde dann doch, ich könnte auch mir selbst gegenüber so viel Respekt zeigen, dass ich mich wenigstens im Verlauf des Tages mal anziehe (auch um mich zum Eintritt der Nacht dann wieder ausziehen zu können). Um mir selbst zu zeigen, dass sich das lohnt. Auf das Schminken habe ich allerdings verzichtet. Das mache ich auch zu Hause am Wochenende so, wenn ich nicht wirklich ausgehe. Es ist manchmal einfach ein schönes Gefühl, im Naturzustand zu verbleiben.

DIE LEBEN DER ANDEREN

Wenn es dunkel wird, wird es für mich noch schwieriger. Dann kann ich nicht einmal mehr aus dem Fenster schauen und diesen kleinen Ausschnitt der Welt da draußen beobachten. Da geschieht allemal nicht viel, aber ich freue mich inzwischen schon darüber, wenn ich wieder einen Spaziergänger entdecke, der auf dem unsichtbaren Laufband langsam durch die Landschaft gezogen wird. Und wenn es jetzt dunkel wird, dann bleibt es dunkel. Dann kommt die Nacht. Als ich heute Morgen aufgestanden bin, war es auch dunkel. Aber da wusste ich, dass bald der Tag kommt, dass es hell wird. Es ist gleich halb fünf, und ich stelle fest: Der umgekehrte Übergang in die Dunkelheit fällt mir schon in der Vorstellung schwer.

Die Zeit hier ist ein Reality-Check, für mich und meine Beziehung zu mir selbst, aber auch für meine Beziehung zu den Leben der anderen. Es sind so viele unterschiedliche Menschen hier, die ich kennenlernen könnte oder vor denen ich lieber Reißaus nehmen möchte. Manche finde ich auf den ersten oder den zweiten Blick sympathisch, manche lösen etwas aus, das mir signalisiert: Zwischen dir und diesem Menschen wird es keine Annäherung geben.

Immer wieder lernen wir aus eigener Erfahrung, dass die

intuitiven Entscheidungen, die «aus dem Bauch heraus» entstehen, die richtigen und wichtigen sind. Aber wir lernen auch uns selbst kennen, unsere Denk- und Entscheidungsschemata, wenn wir diese intuitiven Einschätzungen hinterfragen. Sogar in den Wirtschaftswissenschaften kommen Intuition, gar Emotionen seit einiger Zeit zu ganz neuen Ehren. Verhaltensökonomie («Behavioral Economics») heißt diese Forschungsrichtung, die empirisch zu belegen sucht, dass der Mensch eben kein rein rationales Wesen ist, dass er oft intuitiv und nach ganz bestimmten Heuristiken entscheidet und auf diese Weise in der Regel die besten Resultate erzielt.[23] Fairness, Vertrauen und Erfahrungswerte spielen dabei eine große Rolle und stehen der Annahme entgegen, der Mensch sei als «homo oeconomicus» immer auf der Suche nach einer auf informationelle Perfektion gegründeten rationalen Entscheidung, die für ihn das beste Ergebnis, also den größten Vorteil bringt.

Gelegentlich machen wir Menschen bei diesen Entscheidungen aber auch Fehler, indem wir auf unsere Gefühle hören und damit kurzsichtig oder einfach schlecht entscheiden. Die Verhaltensökonomie leitet daraus kein Wehklagen über die Irrationalität des Menschen ab, um sogleich die Kräfte des Marktes über uns kommen zu lassen, die alles wieder ins Lot bringen. Sie fragt einfach nach den Lernprozessen, die sich aus solchen Fehlentscheidungen ergeben können, nach den Regeln, die wir aus wiederholten ähnlichen und damit systemischen Fehlern ableiten können, um die Sache künftig besser zu machen.[24] Wenn wir uns auf einen solchen Gedankengang einlassen, finden wir womöglich Lösungen und Strategien, die nicht nur dem Einzelnen helfen, bessere Entscheidungen zu treffen, sondern es allgemein ermöglichen, einen «risikolosen Gewinn» zu realisieren, bei dem alle Beteiligten profitieren können.

Bei solchen Entscheidungen geht es nicht nur um finanzielle Vorteile oder materielle Gewinne. Auch das «soziale Kapital», das sich beispielsweise daraus errechnet, die richtigen Leute zu kennen oder hervorragend vernetzt zu sein, kann einem Menschen erhebliche Vorteile bringen. Diese Erkenntnis steckt ja auch im Gedanken der «sozialen Netzwerkpflege» im realen Leben ebenso wie auf den virtuellen Plattformen im Internet (Facebook, LinkedIn, Xing, Myspace etc.). In meinen bisherigen beruflichen Stationen habe ich dieses «soziale Kapital» immer pflegen müssen. Müssen? Zumindest habe ich es gepflegt und bewirtschaftet, weil ich geglaubt habe, ich müsste das tun. Also bin ich regelmäßig auf Abendveranstaltungen aufgetaucht, auf denen man sich «vernetzt» und Kontakte pflegt. Als ich in der Politik war, musste ich das tun, es gehörte einfach zu meinen Aufgaben. Und so bin ich dieser Verpflichtung gefolgt. Gehasst habe ich sie zuweilen trotzdem.

Inzwischen denke ich ganz anders über dieses «soziale Kapital» nach. Ich sehe es nicht mehr als ökonomisches Gut, das ich bewirtschaften muss, um beruflich erfolgreich zu sein. Das bin ich zum einen längst. Zum anderen gerate ich unter dieser Voraussetzung an viele Menschen, die zwar irgendwann einmal hilfreich, auf dem Weg dorthin aber eine Belästigung, gelegentlich gar eine Tortur sein können. Und im Kontakt mit solchen Menschen verschwende ich dann meine Zeit, die ich bräuchte, um die Beziehungen zu pflegen, die mir wirklich wichtig sind. Es ist einer der tiefsten Eindrücke, die ich aus dem Buch des früheren KPMG-CEOs Eugene O'Kelly, «Chasing Daylight», in Erinnerung behalten habe:²⁵ Nach der Diagnose eines Gehirntumors erzählt O'Kelly die Geschichte seiner kurzen todbringenden Krankheit und beschreibt, wie sich seine Lebensprioritäten in dieser Phase verschoben haben. Als er merkt, dass ihm nicht mehr genug Zeit bleiben wird, sich von allen Menschen zu verabschieden, die in seinem Leben eine Rolle gespielt haben, denkt er neu nach. Nicht immer alle Kontakte weiterführen und pflegen, sondern mehr Zeit für die wenigen Menschen haben, die wirklich wichtig sind. Diese Einsicht ist schon als Resümee eines Lebens großartig. Noch großartiger ist es, wenn sie sich frühzeitig offenbart und dann tatsächlich noch Lebenszeit bleibt, um sie umzusetzen.

Es ist dunkel draußen. Das wäre jetzt schön, mit einem nahen Menschen hier zu sitzen in diesem kleinen Zimmer bei einer Tasse Tee und reden zu können. So oft ich derzeit die Gesellschaft anderer fliehe, so vermisse ich doch auch die Nähe. Wirkliche Nähe. Nach Stunden allein und stumm in diesem Zimmer wird mir das plötzlich klar. Aber in dieser Klinik bin ich aus meinem sozialen Leben geworfen, nicht nur weil eben niemand von meinen Freunden oder meiner Familie hier ist. Auch die Anbahnung von Kontakten, der zunächst oberflächlichen und manchmal dann sich vertiefenden Bekanntschaften verläuft nach ganz anderen Regeln, als dies im normalen Leben, wie ich es eben beschrieben habe, der Fall ist. Regeln? Es ist eben die Regellosigkeit, die diese Anbahnung hier bestimmt. Es gibt gar keine Regeln. Es gibt, soweit ich das beobachten kann, nicht einmal das Prinzip der sozialen Nutzenmaximierung, das die entstehenden Verbindungen im Wesentlichen vorantreibt. Hier ist erst mal jede und jeder gleich. Krank, erschöpft und gerade eben nicht in der Lage, mit den Regeln des normalen Soziallebens zurechtzukommen oder ihnen zumindest standzuhalten. Deshalb kann ich durch diese Teilöffentlichkeit hindurchfloaten ohne Ziel und Zweck. Ich empfinde das als entspannend.

Gelegentlich entsteht eine Situation, die mir zeigt, ganz so frei von Regeln der Außenweltwahrnehmung geht es auch hier in der Klinik nicht zu. Eines Morgens sitze ich in Erwartung meines Massagetermins auf einem Sessel in der Halle und blättere desinteressiert in einer Zeitung. Eine Frau setzt sich zu mir und raunt mir ohne weitere einleitende Worte zu: «Ich weiß, wer du bist!» Sofort schließen sich bei mir alle Poren und Wahrnehmungskanäle nach draußen. Was soll das denn heißen? Ich wüsste selbst gerne, wer ich bin. Wie soll sie das wissen? Sie hat bislang nicht mal mit mir gesprochen. Ich ahne dennoch, was kommt. Verschwörerische Erklärungen zu meiner Person und meinem Privatleben folgen («hier wird geredet ...»). Das geht mir auf die Nerven. Ich bin froh, dass ich zur Massage muss und fliehen kann. Die Frau reist heute ab. Ich könnte nicht behaupten, dass ich das bedauerte. Trotzdem ist dieses kurze, eher unangenehme Gespräch hängengeblieben. Es hat irgendwie meine Ruhe in der klinischen Anonymität zerstört. Ich mochte das Gefühl, dass hier alle gleich sind, dass wir alle Hilfe brauchen. Dass eigentlich egal ist, ob man miteinander redet oder nicht, allein abhängig davon, ob man Lust dazu verspürt.

Eine andere Begegnung, kurz nach Antritt meines Aufenthaltes, war anders verstörend. Ich betrete einen Gymnastikraum, um an einer Bewegungsübung teilzunehmen. Neben mir steht plötzlich ein hagerer Mann um die 50 mit kurzen grauen Haaren. Er wirkt nervös. Wahrscheinlich weil es für ihn, ebenso wie für mich, zu Beginn noch eine Überwindung ist, an manchen Übungen teilzunehmen. Wir stehen da. Er schaut mich an. Ich merke, es wird etwas folgen. «Hallo, Miriam», sagt der Mann. Ich bin überrumpelt, habe keine Ahnung, woher er meinen Namen weiß oder wir uns kennen könnten. «Wir haben uns 2001 in Köln getroffen, im Müngersdorfer Stadion, als die Zeugen Jehovas dort ihren Bezirkskongress hatten. Ich bin Hartmut.» Jetzt geht mir ein Licht auf. Ich habe damals für das Mittagsmagazin eine Live-Schalte über diesen Kongress gemacht und wurde mit meinem Kamerateam perfekt begleitet, sprich: bewacht. «Ach so», sage ich, «ich erinnere mich, du warst derjenige, der uns die ganze Zeit kontrolliert hat, um zu checken, ob wir auch nichts Falsches berichten.»

Jetzt ist er ernsthaft betroffen, und mir tut mein forscher Angang fast schon wieder leid. Aber so war es tatsächlich. Auf Schritt und Tritt wurden wir verfolgt. Hartmut scheint das tatsächlich anders zu erinnern. Er kommt mir hier in diesem Krankenhaus nun auch sehr schmal und schüchtern vor, und ich kann mir selbst kaum erklären, wie ich damals diesen Eindruck gewinnen konnte. Bevor er die Klinik verlässt, steckt er mir morgens eine Postkarte zu. Darauf hat er geschrieben: «Als wir uns 2001 im Kölner Stadion getroffen haben, hatte ich butterweiche Knie. Ich war damals nicht in der Lage, dich zu bewachen. Du hättest mich problemlos zerreißen können. Aber dein Bericht und die Bilder, die über den Sender gingen, waren fair.» Ich habe diese Karte noch. Manchmal lese ich nach, was Hartmut geschrieben hat. Irgendwie habe ich das Gefühl, ich sollte das nicht vergessen.

Diese Begegnung mit Hartmut hat mich immer wieder

zum Nachdenken gebracht. Eigentlich bin ich davon überzeugt, dass ich mich richtig entscheide, wenn ich mich den Menschen hier zuwende, die mir von Beginn an sympathisch sind, und meine Zeit nicht denjenigen widme, von denen ich intuitiv zu wissen glaube, dass sie nicht auf meiner Wellenlänge surfen. Aber vieles, was in der menschlichen Begegnung, dem Entdecken und Kennenlernen einer Person steckt, verläuft doch anders. Und die Zweckfreiheit des Kontakts in dieser Klinik, der uns allen ein Gefühl der Geselligkeit, des Sich-einander-Zuwendens oder des Sprechens über das eigene Schicksal und das der anderen vermittelt, nicht aber auf Kriterien des sozialen Erfolgs ausgerichtet ist, macht es mir gelegentlich möglich und sogar leicht, mich auf Menschen einzulassen, denen ich im normalen Leben wohl eher aus dem Weg gegangen wäre.

Zu dieser Kategorie gehört Dietmar. Er ist mir gleich zu Beginn meines Aufenthalts hier aufgefallen, weil er an mehreren Abenden verschiedenen Frauen im Kaminzimmer den Nacken massierte. Erst habe ich gedacht, das sei der Masseur, und mich über den Arbeitseinsatz weit nach Dienstschluss der anderen Physiotherapeuten gewundert. Eines Abends, Dietmar ist wieder in Aktion, sitzen wir in kleiner Runde nach dem Abendessen zusammen. «Guck mal, da ist wieder der Frauenversteher», sagt meine Nachbarin. Wie? Gibt es hier Spitznamen? Ich habe mal wieder nichts mitgekriegt. Sie klärt mich auf Nachfrage auf. Der «Frauenversteher» hat seinen Spitznamen aufgrund seiner umfänglichen verständnisvollen Zuwendung zu einigen Frauen in der Klinik verpasst bekommen, und zwar schon vor einiger Zeit. Ich wusste das nicht. Es hat eben auch Nachteile, wenn man sich in jeder freien Minute auf sein Zimmer zurückzieht.

Ich hatte das selbst schon beobachtet. Dietmar massiert nicht nur. Wo immer eine Frau im Speisesaal auch nur kurz alleine am Tisch sitzt, ist Dietmar zur Stelle. Er hilft also physio- und psychotherapeutisch. Wer sich nun den geborenen Womanizer vorstellt, wird leider sofort desillusioniert. Dietmar ist klein und schmächtig (meine Tischnachbarin erzählt mir begeistert, er kaufe in der Kinderabteilung ein), hat eine unmodische eckige Brille und einen schlackernden Gang. Dietmar isst zu Mittag sieben Dampfnudeln mit Schokovanillesauce und geht dann problemlos in die dreistündige Tanzübung. An Dietmar ist nichts sexy, erotisch oder anderweitig anziehend. Aber womöglich beruht diese Einschätzung auch einfach auf einer Fehlwahrnehmung meinerseits. Offenbar hat er jedenfalls einen Draht zu Frauen und die zu ihm.

Als wir in einer Gruppe zu acht Frauen (es gibt zur Zeit meines Aufenthaltes in der Klinik erkennbar Männermangel) wieder einmal nach dem Abendessen noch einen Moment am runden Tisch im Kaminzimmer zusammensitzen, kommt Dietmar. Niemand wundert sich, dass er sich als einziger Mann zu uns setzt. Das Gespräch plätschert vor sich hin und mäandert thematisch in alle Richtungen, um dann beim Waschen zu landen. Es gibt hier in der Klinik einen Wäscheraum für die Gäste mit zwei Miele-Waschmaschinen und einem Trockner (das Markenfabrikat wurde mir schon weit vor der ersten Benutzung angepriesen, «Miele-Maschinen»!). Man kann sie benutzen, wenn man sich in eine dafür ausgelegte Liste einträgt, damit alles seine Reihenfolge und Ordnung hat, und sich ausreichend mit 50-Cent-Stücken eingedeckt hat. Fünf davon sind nötig, um einen Waschgang zu starten.

Der große Bedarf an 50-Cent-Stücken ist jetzt auch Thema am Tisch. Endlich kann ich auch eine Geschichte beisteuern, da ich doch sonst in Wäschefragen leider keine ausgewiesene Expertin bin. Als ich vor einigen Tagen im Nachbarort in der Buchhandlung war, um ein Buch zu bestellen, das ich hier gerne noch lesen möchte, habe ich auch einige Postkarten gekauft. Ich habe die Buchhändlerin dann gebeten, mir statt der Eurostücke doch bitte 50-Cent-Stücke herauszugeben. «Für die Waschmaschine», sagt die Dame in breitem Dialekt und lächelt. «Die sind ja so schwer zu kriegen hier, in Ihrem Ort können Sie das gleich vergessen.» Die Frau weiß, woher ich komme, wo ich wohne und dass ich waschen muss, allein weil ich nach 50-Cent-Stücken verlange. Ich verlasse die Buchhandlung mit einem Gefühl, als sei ich unwissend zum Akteur in der «Truman Show» geworden.

So langsam verebbt das Waschgespräch. Nach einer längeren Pause sagt Dietmar: «In der Waschmaschine brennt Licht.» Es klingt so, als hätte er gesagt: «Gott ist tot» oder: «Morgen geht die Welt unter.» Als hätte er etwas Existenzielles gesagt, eine Neuigkeit verkündet, die unser aller Leben schlagartig verändern wird. Es ist sekundenlang still, dann brüllen alle Frauen auf einmal los, einige vor Lachen, andere verfallen in Beschimpfungen, wie Dietmar so blöd sein könne zu glauben, in der Waschmaschine brenne Licht, er müsse sich verguckt haben, er könne wohl hell und dunkel nicht unterscheiden, typisch Mann, dass er die Waschmaschine überhaupt gefunden habe, sei ja schon erstaunlich. Ich bin ganz perplex ob des Aufruhrs, den Dietmar mit seiner Bemerkung ausgelöst hat. Der Tisch kann sich kaum beruhigen. Und Dietmar steht wieder einmal im Mittelpunkt. Zwei Tage später wasche ich. Als ich meine Wäsche nach dem Waschgang im Dunkeln aus der Maschine hole, sehe ich: In der Waschmaschine brennt Licht.

Irgendwie hat diese Erfahrung meine Einstellung zu Dietmar verändert. Er hatte recht, und dennoch sind alle über ihn hergefallen (wenngleich er diese Situation durchaus genossen hat). Also beobachte ich ihn von nun an etwas genauer und frage mich: Was macht er bloß? Ich kann mir nicht vorstellen, was Dietmar tut, um Geld zu verdienen. Ich erfahre es auch nicht (auch weil ich ihn nicht direkt frage). Aber ich erfahre etwas, was mein Bild von ihm weiter verändert.

Wieder sitzen wir abends in altbekannter Runde. Ich sehe von Weitem, wie Dietmar zum öffentlichen Computer geht, der für alle Gäste zum Abfragen ihrer E-Mails in der Lobby steht. Nach drei Minuten steht er wieder auf und nähert sich unserem Tisch. Da nur neben mir ein Platz frei ist, setzt er sich neben mich. «Man kann nicht immer Glück haben», presst er heraus und wirkt dabei ziemlich verstört. «Was ist denn los?», frage ich zurück. Aber Dietmar antwortet nicht. Irgendetwas muss am Computer geschehen sein, das ihn mitgenommen hat, in diesen kurzen drei Minuten, die er dort gesessen hat.

Dietmar hat sich verzockt. Er hat auf einer Online-Brokerage-Plattform mal eben 40 Tonnen Weizenkleie gekauft und dann einfach zu lange gewartet. Vier Sekunden haben ihn richtig Geld gekostet. Weizenkleie gibt es zuhauf, und auf dem Agrarmarkt kann man damit kein Geld machen, wohl aber auf den Märkten der biochemischen Industrie, denn Weizenkleie wird beispielsweise auch für Fermentierungsverfahren eingesetzt. 32 Sekunden hätte Dietmar maximal Zeit gehabt, um seine Kleie wieder loszuwerden. 21 hat er nur gebraucht. Doch ein anderer war schneller. Der hat nach 17 Sekunden das Geschäft seines Lebens gemacht und Dietmar seines ruiniert.

Jetzt bin ich doch erstaunt. Ein professioneller Zocker, womöglich zu professionell. Ist es noch normal, dass man sich in einer Klinik drei Minuten an einen Rechner setzt, um zu zocken, und dabei eine vermutlich höhere fünfstellige Summe verliert? Ich weiß es nicht. Ich habe das auch nicht zu beurteilen. Aber das, was ich mit Mühe und in Bruchstücken aus Dietmar herausbekommen habe, zeigt, wie unsere Welt heute tickt. 32 Sekunden, dann ist alles gelaufen. In 32 Sekunden mag man eine intuitive Entscheidung treffen können. Man mag damit auch – eine Portion Glück vorausgesetzt – Erfolg haben und Geld machen. Aber was ist das? Ein Kaufakt? Ein Geschäft? Oder ein Spiel?

Wenn ich mir anschaue, was in den vergangenen Jahren auf den Kapitalmärkten geschehen ist und jetzt Monat für Monat ans Licht kommt, dann entsteht das Bild einer globalen Zockerbude, in der jeder so lange spielt, wie er irgendwie kann und zugelassen wird. In der jeder alles gibt, unabhängig von eigenen Restriktionen und Regeln. Und in der es keine materiellen, keine physischen und keine psychischen Grenzen mehr gibt.

Dietmar ist Dietmar. Was er beruflich macht, weiß ich immer noch nicht, und es ist auch gar nicht wichtig. Denn Dietmar ist als Person Symbol dafür, dass es kein Berufsfeld mehr braucht, keines institutionellen Rahmens mehr bedarf, um in dieser globalen Zockerbude mitzuspielen. Dietmar hat mich überrascht. Und er hat mir gezeigt, wie ich mich täuschen kann in der Einschätzung anderer Menschen.

Intuition ist gut. Aber es bleibt nach diesen Erfahrungen

ein schales Gefühl, das mir auch im zwischenmenschlichen Umgang meine eigene begrenzte Rationalität vor Augen führt. Und so stelle ich mir immer wieder die Frage, ob ich die Menschen, die mir hier beim ersten Kontakt sympathisch oder unsympathisch erscheinen, womöglich doch falsch einschätze, weil sie mir nicht ihr Ich zeigen, sondern eine Repräsentationsoberfläche, von der sie gelernt haben, dass sie in der Öffentlichkeit gut funktioniert. Eine Klinik ist auch eine Öffentlichkeit, zumindest eine Teilöffentlichkeit, und unter vielen möglichen Teilöffentlichkeiten unserer Lebenswelt ganz sicher eine besondere, die ihre eigenen Beobachtungs-, Beschreibungs- und Bewertungskategorien und -prozesse hervorbringt.

Wäre das so, dann beruhte meine intuitive Entscheidung gegen diese Menschen auf einer falschen Annahme, berücksichtigte falsche Tatsachen und führte zu problematischen Konsequenzen. Ich könnte zum Beispiel die Bekanntschaft mit einem Menschen verpassen, der mir womöglich viel näher ist, als ich das habe glauben können. Das wäre schade. Und es ist durchaus wahrscheinlich, wenn ich meine eigene Repräsentationsfolie einmal abziehe und von außen betrachte, mit der ich auch glaube, den Umgang mit dieser mir bislang unbekannten Teilöffentlichkeit besser bewältigen zu können.

Ich gebe zu, dass das alles nicht nur sehr kompliziert klingt, es ist auch kompliziert. Die theoretische Einsicht in menschliche Irrationalität ist das eine. Ihre Reflexion in alltagspraktischen Situationen etwas anderes. Ich denke in dieser für mich unbekannten und ungewohnten Situation nun immer eine Metaebene des Hinterfragens falscher, dennoch meine Intuition beeinflussender Annahmen mit und gestalte dieses

Denken auch noch als reflexiven Prozess. Ich denke darüber nach, was der andere glauben könnte über meine Meinung von ihm und umgekehrt. Irgendwann verheddere ich mich in den Erwartungserwartungen und Unterstellungsunterstellungen. Etwas muss diese Gedankenströme auflösen oder umleiten, sonst habe ich hier eine komplizierte Zeit.

Manchmal ist diese Auflösung so naheliegend. Es gibt Menschen, mit denen ich hier in der Klinik Wochen verbracht habe, ohne dass wir geredet hätten. Dabei gibt es dazu immer ausreichend Gelegenheit. Aber wenn zwei Fassaden aufeinanderprallen, merken beide nichts, weil zu viel Füllmaterial zwischen ihnen steht, oder sie kollidieren schmerzhaft. Immer wieder begegne ich Marion, einer kleinen, schmalen Frau, die ich auf Mitte fünfzig schätze. Sie wirkt still und zurückhaltend, vielleicht auch ein wenig verhärtet. Ich sitze zweimal neben ihr, als wir in der Gruppe ins Gespräch kommen – nichts geschieht. Oft schleicht sie sich im Treppenhaus an mir vorbei, um gar nicht erst grüßen zu müssen. Als ich eines Vormittags mit meinen Langlaufski die Klinik verlasse, um mir im Neuschnee etwas Bewegung zu verschaffen, sehe ich von Weitem, wie sie auf mich zuläuft. Es gibt hier keine Ausweichmöglichkeit. Ich muss über diese schmale Straße gehen, die die Klinik mit der Hauptstraße verbindet, um zur Loipe zu kommen. Sie muss diese Straße gehen, um in die Klinik zu kommen. Als wir fast auf Augenhöhe angekommen sind, sage ich: «Hallo, Marion!» Sie verlangsamt. Sie strahlt. Sie grüßt zurück. Von diesem Augenblick an tut sie das immer. Und tatsächlich kommen wir beim Frühsport am nächsten Morgen richtig ins Gespräch. Ein Name. Einmal gesagt. Was er verändern kann.

Meine Wahrnehmung dieser komplexen Situation von

Beziehungsaufnahme und Kommunikationsvermeidung verändert sich grundlegender in einem Gruppengespräch mit einigen Mitpatienten. Wir machen ein kleines Spiel, angeleitet von einer Ärztin, das harmloser scheint, als es ist. Wir alle müssen unsere Schuhe ausziehen. Dann gilt es, den rechten Schuh einem anderen vor die Füße zu stellen, mit dem man gerne in Urlaub fahren würde. Der linke Schuh soll sich vor der Person wiederfinden, mit der man am wenigsten gerne eine Urlaubsreise anträte. Vereinzeltes verschämtes Lachen, dann Stille. Der linke Schuh beginnt einige zu drücken, obwohl sie ihn längst ausgezogen haben. Als die Ärztin die weiteren Spielregeln erläutert und sagt, dass jeder seine Schuhverteilung im weiteren Verlauf erklären müsse, geht ein dumpfes Stöhnen durch den Raum. Keiner mag beginnen. Irgendwann sagt Klaus etwas zu laut: «Na gut!», und positioniert seine Schuhe. Das bricht das Eis. Alle laufen wild durcheinander, um ihre Schuhe vor anderen Menschen abzustellen und dann möglichst schnell wieder Zuflucht auf dem eigenen Stuhl zu finden.

In dem Gewühl ist ein interessantes Bild entstanden. Zwei Menschen haben gar keine Schuhe vor sich stehen, eine Frau Mitte fünfzig hat einen ganzen Berg Schuhe vor sich, die meisten davon linke. Ich selbst habe zwei rechte und zwei linke Schuhe bekommen. Ich tröste mich zunächst damit, dass ich wenigstens ein ausgeglichenes Zuneigungs-Abneigungs-Verhältnis vor mir habe, und mache damit schon den ersten Denkfehler. Meinen linken Schuh habe ich durchaus mit gewisser Abneigung der Person gegeben, die die meisten Schuhe vor sich stehen hat. Und ich habe dafür nicht einmal wirklich überlegen müssen. Es gab keine Alternative. Mein linker Schuh musste dorthin.

DIE LEBEN DER ANDEREN

Als ich die Wahl später begründen muss, beschreibe ich, dass ich das Gefühl habe, von dieser Frau beobachtet worden zu sein, ablehnend, nicht mit zugewandter Neugier. Ich mag es nicht, taxiert zu werden, schon gar nicht, wenn der Blick etwas Herrisches ausstrahlt. Das Letzte traue ich mich nicht zu sagen, ich finde das Wort zu hart. Umso erstaunter bin ich, als mein Sitznachbar genau dieses Wort gebraucht. Er findet die Dame, die auch seinen linken Schuh bekommen hat, herrisch und hätte einfach überhaupt keinen Bock, mit ihr irgendwohin zu fahren, geschweige denn in Urlaub. Ich kann noch an der Klarheit und Freiheit meiner Formulierungen in der Gruppe arbeiten, bin aber schon mal irgendwie froh, dass meine Abneigung dieser Frau gegenüber nicht allein mein Empfinden ist.

Abneigung ist jedoch keineswegs immer das Grundmotiv. Ich habe einen linken Schuh von einer 70-jährigen Frau bekommen, die dann unter sichtlicher Mühe erklärt, warum sie ihn mir gegeben hat. Heraus kommt, dass sie glaubt, ich sei viel zu aktiv, agil und jung, um mit ihr einen Urlaub verbringen zu wollen. Eigentlich hat sie sich selbst ihren eigenen linken Schuh hingestellt, ohne es zu merken. Die Ärztin fragt nach, und nach einigem Bohren kommen wir doch noch an den Punkt, der mit ihr selbst zu tun hat. Sie hat nämlich Angst, in einem Urlaub mit mir fühle sie sich ständig überfordert und dadurch gestresst. Das ist eine gute Erklärung: Unsere Lebenssituationen und unsere sich daraus ergebenden Bedürfnisse passen nicht zusammen. Das wäre in einem Urlaub besonders drastisch erleb- und erkennbar. Und das ist ein erster Erkenntnisschub für mich. Ich darf eigene Bedürfnisse haben, die sich von denen anderer, möglicherweise gar mir nahestehender Menschen unterscheiden.

Und ich darf auch sagen, dass ich meine Bedürfnisse beachtet und respektiert wissen will.

Der zweite linke Schuh vor mir stammt von einer Frau um die 50, die mir ihre Wahl sehr einfach erklärt. Sie kenne mich überhaupt nicht und es sei für sie unvorstellbar, mit einem ihr komplett unbekannten Menschen in den Urlaub zu fahren. Das leuchtet mir sofort ein und spiegelt auch meine Befindlichkeiten. Ich möchte eigentlich mit niemandem hier, fast niemandem, in Urlaub fahren. Aber es ist ja auch nur ein Spiel.

Wie nah das Spiel am Leben ist und wie falsch die naheliegenden Begründungen manchmal sind, zeigt sich zwei Tage später beim Frühsport. Ich laufe mit zwanzig anderen Menschen strammen Schrittes durch die Dunkelheit, bergauf, bergab, bin noch müde und nicht sehr gesprächig. Da nähert sich von hinten die Frau, die mir den zweiten linken Schuh im Gruppenspiel gegeben hat. Wir gehen einen Moment schweigend nebeneinanderher, dann offenbart sie mir, sie müsse nochmals auf das Spiel zurückkommen. Sie habe die vergangenen zwei Tage immer wieder darüber nachgedacht und sei zu dem Ergebnis gekommen, dass ihre Begründung nicht die wirkliche gewesen sei. Ich bin jetzt wach und finde es schon mal mutig, dass sie mich so klar darauf anspricht. Und außerdem bin ich gespannt.

Und dann sagt sie, dass sie festgestellt habe, ich sei in vielem genau so, wie sie immer hätte sein wollen. Und das habe ihr einen Spiegel vorgehalten, so viel Druck gemacht, dass sie sich nicht habe vorstellen wollen, dies in einer Urlaubssituation ertragen zu können. Jetzt bin ich platt. Nicht nur der Anlauf ist mutig, sondern viel mehr noch das, was sie mir nun offenbart. Daraus entspinnt sich ein schönes Gespräch, das unsere ganze Walkingtour weitergeht. Die naheliegende Erklärung, mit einem völlig unbekannten Menschen mache es keine Freude, in Urlaub zu fahren, wandelt sich zu einer sehr tiefen, sensiblen Erfahrung, dass andere Menschen für einen selbst zum Spiegel werden können.

Und was war mit meinem rechten Schuh? Auch seine Zuordnung war mir intuitiv klar. Ich habe ihn Michael vor die Füße gestellt, von dem ich im Gegenzug auch seinen rechten Schuh bekommen habe. Auf die Frage, warum wir miteinander in Urlaub fahren wollen, antworten wir auch ähnlich – weil wir beide glauben, einen Draht zueinander finden zu können und dabei genug Spielraum für das Eigene und die Bedürfnisse des anderen zu haben. Sich eine schöne Zeit machen, ohne sich zu verbiegen und gegenseitig zu überfordern, das scheint die Losung zu sein.

Nachdem ich meinen rechten Schuh nun so leichtfüßig an seiner neuen Position erklärt habe, frage ich mich in der Folge, warum ich mit Michael in Urlaub fahren würde, aber es bislang nicht einmal geschafft habe, ihn anzusprechen. Dabei ist er mir aufgefallen, gleich bei meiner Anreise. Und dann immer wieder, weil er so schön Klavier gespielt hat im Kaminzimmer und ich Musik nun mal sehr liebe. Aber ich habe ihn auch beobachtet, wie er immer im Mantel in den Speisesaal rein- und nach kurzer Zeit wieder rausgerauscht ist. Wenn ich im Mantel so einen Raum betrete, signalisiere ich in der Regel bewusst: Ich bin in Eile und will vor allem nicht aufgehalten werden.

Bei Michael klärt sich später, dass er ein Appartement im Nebenhaus bewohnt und daher bei sieben Grad unter null zwangsläufig den Mantel braucht, um zum Essen zu kommen. Mal wieder eine Fehlinterpretation, die mich in den ersten Tagen meines Aufenthalts vermutlich um einige schöne Gespräche gebracht hat. Aber nachdem wir ja nun zusammen in Urlaub fahren wollen, können wir auch reden.

Es bleiben nur zwei Tage, bis Michael abreist. In diesen beiden Tagen werden wir, sobald wir irgendwo zusammensitzen, regelmäßig gefragt, ob wir gerade unseren Urlaub planen. Das tun wir nicht, aber wir nutzen die Zeit, um uns kennenzulernen und uns unsere Geschichten zu erzählen. Das ist das Schönste, was man von einem Menschen bekommen kann, wenn man ihn neu kennenlernt: seine Geschichte, seine Lebenserzählung mit all dem, was gelungen und darin schiefgegangen ist, worin er sein Glück gefunden hat oder gescheitert ist. Warum erzählen sich manche Menschen ihre eigenen Geschichten nie oder so spät, dass selbst das individuell Überraschende uns nicht mehr zu überraschen vermag, weil wir uns längst ein Urteil gebildet oder uns gegenüber den Unwägbarkeiten des Lebens abgeschottet haben?

INSELN IN MIR

Wenn ich weine, weine ich in meinem Zimmer oder in der Sauna. In der Sauna bin ich oft alleine, das Licht ist gedämpft, und ich kann mich entspannen. Nicht nur mein Körper wird erwärmt, auch mein Inneres, meine Gefühlswelten. Dann kommen die Tränen. Und ich bin versteckt durch die Situation. Wenn jemand hereinkommt, kann ich sagen, ich schwitze in den Augen.

Das Dunkle. Es spiegelt sich in mir. Das Außen im Innen. Umgekehrt ist es schwieriger. Es wäre schön, wenn es mir gelingen würde, ein Bild meiner Gefühlswelt auf die Scheibe zu projizieren. Das würde ich gerne sehen. Ich spiegele mich in der Scheibe, denn hier drinnen ist es hell, beleuchtet von der kleinen Lampe auf dem Nachttisch an meinem Bett und von der Wandlampe, die ich zum Lesen brauche. Ich brauche sie auch, wenn ich gar nicht lesen darf. Es ist sonst so dunkel im Zimmer, dass ich fürchte, ich könnte in dieser Dunkelheit versinken. Draußen ist es fast schwarz. Noch immer fällt ein wenig Schnee, das erkenne ich an dem Balkongitter, dahinter ist nichts – schwarze Tiefe.

In solchen Momenten kehrt Ruhe in mich ein. Ich werde nicht abgelenkt von äußeren Einflüssen, jetzt schon gar nicht, weil ich ja nicht lesen und keine Musik hören darf. Ich bin ganz mit mir selbst. Manchmal sind das die schwersten Momente, denn dann kommt die Traurigkeit. Und oft kommen auch die Tränen. Ich kann nicht gut weinen, konnte es nicht mal als Kind wirklich frei. Als mein Lieblingsonkel gestorben ist, war ich dreizehn. Ich habe ihn sehr gemocht, weil er anders war, als Verwandte es sonst oft sind – langweilig und erzieherisch. Er nicht. Er hat in unserer unmittelbaren Nachbarschaft gelebt, alleine, zumindest war er nicht verheiratet. «Junggeselle» wurde das in der Generation meiner Eltern genannt, und ich habe es so gelernt. Aber ich habe auch sehr früh verstanden, dass mein Onkel nicht «alleinstehend» ist, dass er ein soziales Leben, auch ein Liebesleben hat und dass in diesem Leben Platz war für viele Dinge, Gedanken und Gefühle, die mich Nähe zu ihm haben fühlen lassen.

Meine Mutter hat ihm geholfen, sein Leben in den Griff zu bekommen, weil Männer ja nicht waschen und bügeln können und so alleinstehend auch sonst verwahrlosen. Weil in der Generation meiner Eltern irgendwie niemand darüber nachdachte, dass sie es vielleicht doch lernen können. Aber auch weil meine Mutter immer hilfsbereit war, gegenüber anderen mehr als gegenüber sich selbst. Ich habe schon als Kind meinen Onkel regelmäßig besucht, meist eine große Tüte mit frischgewaschenen und gebügelten Hemden neben mir herbalancierend, und ich habe das, anders als viele sonstige Hilfsdienste im Haushalt, gerne gemacht. Wir haben geplaudert, es gab Orangensaft und Kekse. Oder er hat mich im Auto mit in die Stadt genommen bei offenem Fenster und lauter Musik, und ich habe mich großartig gefühlt – erwachsen und ernst genommen und einfach lebensfroh.

Dann wurde er krank, eine schwere Hepatitis, und starb

nach wenigen Monaten. Ich habe nicht weinen können. Nicht als ich erfuhr, dass er so krank war, nicht an dem Tag, als er starb, nicht einmal bei der Beerdigung. Ich wollte es, aber irgendetwas in mir hat es nicht zugelassen. Nach der Beerdigung, als alle weg waren, ist es dann aus mir herausgebrochen, unaufhaltsam und unendlich. Als ob eine Schleuse aufgebrochen wäre. Ich war danach so erschöpft, dass ich tagelang fast nur geschlafen habe.

Woher kommt das Weinen? Ich frage das meine Ärztin, und sie fragt zurück: «Haben Sie jemals richtig getrauert über die Verluste, die Menschen, die Sie verloren haben?» Ich kann auf diese Frage nicht antworten, nehme sie nach dem Gespräch mit auf mein Zimmer und denke immer wieder darüber nach. Ich versuche, die Frage zu fassen, das ist schon schwer genug. Aber die Antwort? Trauern? Ich weiß gar nicht, ob ich das jemals getan habe. Ich weiß gar nicht, wie das geht.

Meine Mutter wurde 77 Jahre alt. An dem Tag, als ich verstand, dass sie sterben würde, saß ich an ihrem Bett und streichelte ihre Hand. Sie schlief. Immer seltener wurde ihr durch Krankheit und Morphine dumpfer und doch unruhiger Schlaf durch kurze Phasen des Wachseins unterbrochen. Irgendwann wandte meine Mutter sich mir zu. «Ach, du bist da», sagte sie und strich mir mit einer Hand flüchtig über das Gesicht, bevor ihr Kopf wieder langsam zur Seite fiel und der Schlaf sie überwältigte.

Ich betrachtete das Gesicht meiner Mutter. Ihre Haut war etwas gerötet und von kleinen Falten durchzogen. Ihre Augenlider sahen in dem Moment, als sie mich klar angesehen hatte, so aus, als seien sie zu groß für ihre Augäpfel. Die Wangenknochen traten deutlicher hervor, als ich es in Erinnerung hatte. Ihre Hände lagen auf der Bettdecke, und die Finger bewegten sich leicht. Meine Mutter sah aus, als sei sie geschrumpft, so klein und zart und irgendwie zerbrechlich. Ab und zu stöhnte sie leicht, vor Schmerz oder auch aus Übelkeit.

An diesem Tag habe ich verstanden, dass meine Mutter sterben muss. Es gibt kein Leben ohne ein Ende. Vielleicht ist das besonders schwer zu verstehen, wenn man als Kind erlebt, wie ein Elternteil stirbt. Die Mutter, die immer da, immer stark, immer fürsorglich war und einen groß gemacht hat. Sie wird kleiner, weniger sichtbar und verschwindet schließlich ganz.

Meine Mutter war eine starke Frau. Klar in ihren Haltungen zum Leben, die ich oft nicht teilen konnte, hart in ihrer Bewertung menschlicher Fehler, die ich gerne entschärft hätte, verlässlich in der Sorge und Zuwendung für die ganze Familie, aus der ich mein bisheriges Leben lang sehr viel Kraft geschöpft habe, ohne dass es mir wirklich bewusst gewesen wäre.

Ich weiß jetzt sehr genau, dass ich mir in Phasen meines Lebens viel zu wenig Gedanken darüber gemacht habe, warum meine Mutter so ist, wie sie ist. Ich denke jetzt sehr viel darüber nach. Und ich frage mich, warum es mir so schwerfällt zu trauern, die Trauer und die damit verbundenen Gefühle zuzulassen, sich ihnen auszusetzen, auch um sie irgendwann annehmen zu können. Auch dieses Nicht-trauern-Können steht in unmittelbarer Beziehung zu meiner Mutter. Sie hat ihr Leben lang versucht, stark zu sein, das Leben anzunehmen und zu bewältigen. Manchmal im Wortsinne – es war zuweilen eine gewaltige Anstrengung für sie, das Leben zu akzeptieren.

Bei uns zu Hause wurde auch nicht getrauert. Trauer ist ein Gefühl. Man muss es zulassen können. Erst mal muss man es zulassen lernen. Meine Eltern haben das nie wirklich gelernt. Sie sind Kriegskinder. Sie sind mit Angst, Verzicht und Entbehrung aufgewachsen. Auch ihre Eltern hatten vermutlich nie gelernt, Gefühle zuzulassen, haben nie trauern gelernt. Woher sollten meine Eltern es können? Woher sollte ich es lernen? Keine Gefühle zu zeigen, das gilt häufig als Zeichen der Stärke. Deshalb erscheint Trauern im Umkehrschluss als Schwäche. Wenn das aber so ist, verweigern wir uns aus vermeintlichem Zwang zur Stärke bewusst oder unbewusst einem wichtigen psychologischen Prozess, ohne den wir krank werden können. Wer nicht trauern kann, kann mit dem Tod nicht umgehen. Und wer mit dem Tod nicht umgehen kann, wird auch nicht glücklich sein im Umgang mit dem eigenen Leben.

Der Tod ist ein mieser Geselle mit trügerischem Auftritt. Wir alle fahren im Gefährt unseres Lebens die Wegstrecke, die wir fahren wollen, die uns überhaupt möglich ist oder über die wir durch äußere Einflüsse mehr oder weniger wissentlich gelenkt werden. Irgendwann einmal muss jedes Gefährt Halt machen. Eine Panne, ein Unfall, vielleicht einfach nur die Unsicherheit an einer Weggabelung machen das notwendig. Dann kommt der Tod.

Er naht und gibt sich zunächst nicht zu erkennen. Als wohlgekleideter Zeitgenosse öffnet er den Wagenschlag und kündigt an, von jetzt an mitfahren zu wollen. Und letztlich lassen wir ihn alle einsteigen, weil uns auch gar nichts anderes übrigbleibt. Wahrscheinlich sind wir oft einfach zu höflich, zu wenig kämpferisch, um ihm die Tür vor der Nase zuzuschlagen: Jetzt noch nicht!

Zunächst sitzt er unauffällig im Fond des Wagens und fügt sich lautlos, fast beiläufig in unser Gefährt mit seinen Insassen. Irgendwann, vielleicht schon an der nächsten Weggabelung, verlangt er, auf den Beifahrersitz zu wechseln. Wir versuchen noch, es ihm abzuschlagen, aber er drängt uns in den hinteren Teil des Gefährts. Und von diesem Moment an werden wir über die Reststrecke unseres Lebens gefahren. Wenn der Tod ans Steuer wechselt, hat er längst sein wahres Gesicht gezeigt: der unauffällige Beifahrer mutiert zur Fratze, in der wir die Bedrohung erkennen, wenn wir einmal wirklich genau hinschauen. Weil wir wissen, wie die Fratze wirkt, schauen wir lieber nicht hin. Wenn der Tod am Steuer sitzt, bestimmt er Ziel, Wegstrecke und Tempo. Dann sind wir Gast in unserem eigenen Leben, wissend, dass die Zeit unseres Verweilens begrenzt ist.

Bei meiner Mutter wechselte der Tod in der Nacht ans Steuer, dann, wenn die Menschen verwundbar und ängstlich sind, ihn schon spüren, aber noch nicht recht erkennen können. Gegen zwei Uhr morgens wurde sie unruhig, stöhnte im Schlaf oder Halbschlaf und wand sich im Bett hin und her. Mein Vater versuchte immer wieder, sie zu beruhigen. Er streichelte sie, flüsterte ihr kleine Gebete zu und saß über Stunden bei ihr am Bett. Erst am Morgen, als es hell und die Stadt zum Leben erwacht war, schlief sie wieder ein.

Ich hatte die Nacht ebenfalls bei meinen Eltern verbracht und betrat gegen sieben Uhr morgens das Wohnzimmer. Meine Mutter schlief. Als ich meinen Vater sah, wusste ich, dass er kein Auge zugetan hatte. Ich las die Sorgen in seinem Gesicht. Ich sah auch, wie mein Vater weinte, leise und unauffällig, so wie die Generation weint, zu der mein Vater gehört. Im Flur standen wir uns gegenüber. «Ich glaube, sie wird bald gehen», sagte mein Vater. Wir nahmen uns in die Arme und weinten still.

Am Abend kam die Ärztin, um meiner Mutter wieder Morphium zu injizieren. Dass sie keine Schmerzen erleiden musste, war für uns alle das Wichtigste. Seit einigen Tagen bekam sie Morphiumderivate, zunächst in sehr kleinen Dosen. Mit zehn Milligramm hatte es angefangen. Was sind zehn Milligramm für einen Menschen, der vom Krebs innerlich aufgefressen wird? Ich glaube manchmal, meine Mutter war selbst im Sterben genügsam. So als ginge es nicht an, eines der stärksten Medikamente in höheren Dosen zu brauchen. Sie bekam nie mehr als 30 Milligramm am Tag, nicht einmal in den letzten Tagen vor ihrem Tod. Nach Auskunft der Ärztin war das ein Viertel der Dosis, die Patienten mit einer vergleichbaren Diagnose üblicherweise benötigen. Meine Mutter war ein duldsamer Mensch, bis in die letzte Stunde. Sie hat in sich hinein, nicht aus sich heraus gelitten.

Als wir wie immer eine knappe Stunde mit der Ärztin zusammensaßen, wartend darauf, dass die Infusionen durchliefen, die meine Mutter für ihre Flüssigkeitsversorgung bekam, sprachen wir über die neuerlichen Veränderungen. Erst nach der medizinischen Versorgung mit Schmerz- und Fiebermitteln war sie eingeschlafen. «Irgendetwas passiert jetzt in ihrem Körper», sagte die Ärztin. Eine Sepsis als Folge eines Tumordurchbruchs, vielleicht auch die ersten Anzeichen eines Organversagens. Die Leber war mit Metastasen durchsetzt, die Milz ebenfalls. Der Tumor hatte sich schon vor der entscheidenden Krebsdiagnose in den Darm gebohrt. Das Loch im Darm hatten zwei Wochen künstliche Ernährung schließen können. Es war weg. Der Krebs blieb. Uns blieb die Hoffnung, sie werde sich, wieder zu Hause, ein bisschen erholen. Diese Hoffnung war nun fünf Tage alt und längst verbraucht.

Meine Mutter lag ruhig da in ihrem Bett und schlief. Ich hatte trotzdem den Eindruck, in ihrem Körper tobte ein Krieg: Gewebe gegen Gewebe, Organ gegen Organ. So würde eine Ärztin das vermutlich niemals formulieren, aber letztlich ist es wohl genau das, was im Endstadium der Krebserkrankung eines Menschen geschieht.

Eine der schlimmsten Belastungen ist in einem solchen Moment die Unsicherheit: Was wird weiter geschehen? Wie lange wird es dauern? Wird es gelingen, sie schmerzfrei zu halten? Diese Gedanken haben uns unaufhörlich beschäftigt. Und niemand von uns fand eine Antwort darauf. Nicht mein Vater, nicht meine Schwester, nicht meine Freundin, nicht ich und auch nicht die Ärztin. Aber sie konnte beschreiben, was man medizinisch wissen kann. «Der menschliche Körper kann das nicht lange durchhalten», sagte die Ärztin am Ende der Zeit, die wir zusammen dort im Wohnzimmer gesessen hatten. Es entstand eine Pause. «Nicht lange», sagte mein Vater.

Wie spricht man miteinander über den Tod? Das ist eine so schwere Frage, und ich kann sie nach allem, was geschehen ist, noch immer nicht beantworten. Meine Mutter hatte an einem 19. September die schreckliche Diagnose bekommen. Am Nachmittag dieses Tages hatten die Ärzte in der Klinik Gewissheit erlangt. Diese Gewissheit sollte auch meine Mutter haben. «Sie haben einen Bauchspeicheldrüsenkrebs, der inoperabel ist, und Sie werden daran sterben», hatte der Chefarzt gesagt. So klingen ärztliche Gewissheiten, wenn der Arzt Botschaften sendet, die der Patient empfangen soll.

Meine Mutter hat an diesem Tag viel geweint, zusammen mit meinem Vater und meiner Schwester und sicher auch alleine. Sie hat sehr genau verstanden, was ihr da gesagt wurde und was es bedeutet, da bin ich sicher. Selbst hat sie nie wieder darüber gesprochen. Sie wollte es nicht. Um ihrer selbst willen vielleicht, viel mehr wahrscheinlich um meines Vaters willen und zum Wohle ihrer Kinder, meiner Schwester und mir. An dem Abend jenes 19. September habe ich nicht mit ihr telefoniert.

Ich hatte mit der Hausärztin telefoniert, die ich noch aus Schultagen kenne und die mir eine SMS geschickt hatte mit Bitte um Rückruf. Es ginge um meine Mutter. Ich saß zu diesem Zeitpunkt mit meiner Freundin in Luzern in einem Straßencafé in strahlendem Sonnenschein, um nach einem gelungenen Vortrag einen Kaffee zu trinken. Es war ein warmer und schöner Tag, an dem es eine solche Nachricht nicht hätte geben dürfen, wie meine Mutter sie bekommen hatte. Ich saß dort in diesem Café und telefonierte mit der Ärztin. Auch mich hat sie schonungslos aufgeklärt, in Worten, die von Zuwendung, Verständnis und Sorgsamkeit getragen waren. Ich fragte wenig, ich konnte einfach nicht. «Wie lange noch?», fragte ich einmal. «Ich weiß es nicht», sagte die Ärztin, «vielleicht ein Jahr, vielleicht auch nur drei Monate.» In diesem Moment dachte ich an Weihnachten. Das waren etwa drei Monate. Und ich konnte es einfach nicht glauben oder fassen, dass meine Mutter an Weihnachten nicht mehr leben könnte.

An diesem Nachmittag habe ich noch mehrmals telefoniert, heulend und von Fassungslosigkeit zersetzt, als ich Schritt für Schritt zu begreifen begann, was die Ärztin mir erklärt hatte. Ich telefonierte mit meiner Schwester, die bei meiner Mutter im Krankenhaus war. Ich telefonierte mit meinem Vater, der spätabends wieder zu Hause saß und kaum in der Lage war, mehrere Sätze zusammenhängend zu formulieren. Ich telefonierte nicht mit meiner Mutter, wie ich es sonst jeden Tag getan hatte, seit sie ins Krankenhaus gekommen war, wenn ich nicht selbst dort sein konnte.

Ich telefonierte nicht mit ihr, weil sie es nicht wollte. Sie hatte meinen Vater gebeten, mich zu grüßen und mir auszurichten, ich möge doch erst am nächsten Tag anrufen, es sei so anstrengend für sie zu telefonieren und sie müsse immer weinen. Natürlich musste sie weinen. Natürlich war es anstrengend. Es war einfach schrecklich, was sie gehört hatte und womit sie nun umgehen musste. Und es wäre vollkommen verständlich gewesen, wenn sie ihr Leid hinausgeschrien, uns alle damit konfrontiert und um Hilfe gerufen hätte. Doch das hat meine Mutter nie getan. Sie hat die Diagnose entgegengenommen wie eine Schicksalsbestimmung, die schrecklich, aber unausweichlich ist. Und sie hat dieses Schicksal uns gegenüber nie wieder erwähnt.

In der Nacht bevor meine Mutter starb, träumte ich einen kurzen, klaren Traum. Er bestand aus zwei Teilen. Im ersten Teil stand ich am Straßenrand und sah eine lange schwarze Limousine langsam sich annähern. Als der Wagen wie in Zeitlupe an mir vorbeiglitt, erkannte ich das Gesicht einer Freundin von mir im hinteren Fenster des Wagens. Sie sah mich an. Sie winkte nicht und zeigte auch keine mimische Regung. Sie sah mich einfach die ganze Zeit über an, in der der Wagen langsam die Straße entlangfuhr, um schließlich aus meinem Blickfeld zu verschwinden. Es war, als wolle sie mir sagen: Sieh her, ich bin doch auch schon abgeholt worden.

Meine Freundin Iris hatte sich an Pfingsten das Leben genommen. Das war etwa sechs Monate her. Ihr Tod hatte mich sehr beschäftigt. Warum will ein Mensch mit 39 Jahren sterben? Warum wählt er den Goldenen Schuss? Wie kann es sein, dass sich jemand Jahre auf den eigenen Tod fast freudig vorbereitet? «Ich wollte dann sterben, wenn es mir richtig gutgeht», schrieb sie in ihrem Abschiedsbrief. «Jetzt geht es mir richtig gut.»

Wir haben sie Wochen später mit einigen Freunden gemeinsam in Holland bestattet. Ihre Asche solle über das Meer verstreut werden, auch das hatte sie in ihrem Abschiedsbrief geschrieben. In Deutschland scheitert man mit diesem letzten Wunsch an den Grenzen der Bürokratie, die selbst den Tod bestimmen. Eine Seebestattung folgt in Deutschland den Vorschriften, nicht den Wünschen der Verstorbenen. Und so darf ihre Asche nicht über dem Meer verstreut werden, sondern nur in einer speziellen Urne in einer speziellen Bucht versenkt werden. Mit dem Wunsch, sich nicht von anderen abzuheben, ist man in Deutschland auch im Tod gut aufgehoben. Will man dem Wunsch des Toten folgen, muss man das Land verlassen.

Iris' Freund wollte ihrem Wunsch folgen. Deshalb wurde sie in Holland verbrannt. Um ihre Asche über dem Meer zu verstreuen, fuhren wir an einem Sonntag im August mit einem Schiff ein Stück aufs Meer hinaus. Es war zu kalt für den August und sehr windig. Das Schiff roch nach Industrieöl und ein bisschen nach Fisch. Ich hatte geahnt, dass an diesem Tag zwei Herausforderungen zu bewältigen sein würden: die Trauer um das Ende eines Menschen auf dem Meer und die Übelkeit, die mich immer befällt, wenn ich auf Schiffen bin.

INSELN IN MIR

Ich fuhr von Köln aus zusammen mit einer nahen Freundin nach Holland. Gleich nach Antritt der Fahrt hatten wir noch an einer Notdienstapotheke angehalten. Schon der Gedanke an das Schiff und die Wellen verursachte ein flaues Gefühl in meinem Magen. Ich wollte Kaugummis kaufen, die die Übelkeit im Moment des Kauens gleich unterdrücken. Leider waren die ausverkauft. Also kaufte ich einfach Tabletten. «Wozu brauchen Sie die?», fragte die Apothekerin durch das Sprechloch in der Tür. «Ich fahre jetzt nach Holland zu einer Seebestattung», sagte ich. Ich glaube, die Frau hat gedacht, ich mache einen miserablen Scherz, um einer Erklärung für Alkoholabusus auszuweichen. Vermutlich habe ich an diesem Morgen auch ähnlich ausgesehen.

Das Schiff war zu groß, als dass wir uns natürlich zu einem feierlichen Abschiedsreigen zusammengefunden hätten. Jeder stand für sich allein an einer Stelle auf dem großen, leeren Dampfer. So als müsse jeder an seiner Stelle dafür sorgen, dass das Schiff im Gleichgewicht bleibt. Am Bug hatte eine Freundin die Urne aufgestellt, zusammen mit zwei Fotos von Iris und einigen Blumen. Nach etwa zwanzigminütiger Fahrt stoppte der Kapitän das Schiff.

Ich hatte eine der Reisetabletten genommen. Reisetabletten, so hießen sie wirklich. Ideal geeignet auch für die letzte Reise. Als ich versuchte, auf dem schwankenden Schiff mein Gleichgewicht zu halten, dachte ich permanent über diese Tabletten nach. Ich hatte das Gefühl, als stecke ein Rest der Tablette noch immer in meiner Speiseröhre, aber das kann auch der Kloß gewesen sein, der sich in Momenten der Trauer bildet. Und ich dachte: Die Übelkeit ist wirklich das Einzige, was man in dieser Situation mit einer Tablette bekämpfen kann. Warum gab es keine Anti-Trauer-Kaugummis, keine Stopp-die-Tränen-Tropfen?

Die ganze Situation hatte etwas Surreales. Und so fügte es sich in diesen Gesamteindruck, dass ich an diesem Tag lernte, wie man eine bereits verschlossene Urne wieder öffnen kann. Mit einem Schraubenzieher. Nachdem eine Freundin den Deckel aufgehebelt hatte, gruppierten wir uns an der Reling. Jeder nahm einmal die Urne, um einen kleinen Teil der Asche ins Meer zu streuen. Es war so windig, dass der graue Staub sofort in alle Himmelsrichtungen verweht wurde. Er setzte sich in unseren Haaren, unserer Kleidung und in den Augen fest. Fast so, als habe Iris nicht loslassen wollen, als habe sie es sich im letzten Augenblick anders überlegt und sich in ihrer Asche an uns geklammert. Zum Abschluss dröhnte dreimal das Schiffshorn, und wir umkreisten einmal die Stelle, an der trockener Staub, der einmal Iris gewesen war, sich mit dem Wasser des Meeres verband.

Für mich war das eine schwierige Situation. Ich suchte den Ort, den ich von nun an mit Iris verbinden würde, aber diesen Ort gab es ja nicht. Die Asche hatte sich schnell verflüchtigt im riesigen Meer. Es blieben einige kleine Blumen, die noch auf der Wasseroberfläche trieben, aber schon bald nicht mehr zu erkennen waren. In diesem Augenblick riss der Himmel auf, und einige weißliche Sonnenstrahlen stachen ins Meer. Sie trafen eine langgezogene Welle, die neben dem Schiff herrollte. Ich beobachtete diese Welle und stellte mir plötzlich vor, dass Iris' Asche sich zu dieser Welle geformt hatte. Dass sie uns mit den kleinen Gischtspritzern, die auf der Welle tanzten, anlachte. Dass die Asche sich zu einer Formation gefunden hatte, die mit dem Element Wasser harmonierte und in ihm aufging.

INSELN IN MIR

Das alles war eine Hilfskonstruktion meiner Empfindungen und Gedanken. Es blieb vor allem ein Gefühl: In diesem Augenblick ist ein Mensch einfach verschwunden. Nach 39 Jahren Leben ist sie einfach als Staubrest im Meer vergangen. Nach 39 Jahren, von denen einige von uns, die wir dort an diesem Augusttag miteinander aufs Meer gefahren waren, ein paar, andere sogar viele Jahre mit Iris verbracht hatten, saßen wir nach Rückkehr des Schiffes an Land in einem hässlichen Strandcafé und schwiegen. Wir schwiegen, bis jemand sagte: «Wir trinken jetzt alle einen Wodka auf Iris.» Ich weiß nicht mehr, wer das gesagt hat. Iris hatte immer Wodka getrunken, wenn sie ausging. Das war unser hilfloser Versuch einer letzten Verbündung mit ihr.

Dieser unverstehbare Tod ist bis heute ein Teil in mir, der seinen Ort des emotionalen Verweilens noch nicht gefunden hat. Kürzlich schaute ich sonntagabends den Tatort aus Münster. Mechthild Großmann spielt die Staatsanwältin. Mit ihrer einzigartigen sonoren Stimme hat sie mich schon in Wuppertal im Tanzensemble von Pina Bausch beeindruckt. Als sie in dem Tatort zum ersten Mal ins Spiel kommt, greife ich zu meinem Handy. «Mechthild Großmann ist phantastisch», schreibe ich in eine SMS, um sie Iris zu schicken. Iris ist seit fast drei Jahren tot. Ihre Nummer hat überlebt. Ich habe sie einfach nicht löschen können. Vielleicht habe ich nicht einmal verstanden, dass es keinen Grund mehr gibt, die Nummer in meinem Telefonspeicher zu behalten. Vielleicht geht jemand ran, wenn ich diese Nummer anrufe. Iris wird es nicht sein.

In der Nacht bevor meine Mutter starb, träumte ich von dem langen schwarzen Wagen, in dem Iris saß, als einem Vorboten dafür, dass auch meine Mutter bald gehen würde.

Ich träumte auch davon, dass Iris abgeholt würde zu einem Ort, an dem ich sie im Tod sicher wüsste.

Der zweite Teil meines Traums war sehr kurz. Ich hielt ein großes, altes Buch in der Hand, das an den Seiten mit Goldschnitt verziert war. Auf dem Goldschnitt prangte das Wort «Leben». Plötzlich verrutschte das Buch in meiner Hand und fiel auseinander. Die Seiten fielen auf und zerrissen das Wort. In diesem Moment wachte ich schweißgebadet auf.

Meine Mutter starb in der Nacht von Freitag auf Samstag um zwei Uhr neununddreißig. Mein Vater und ich hatten am Abend noch lange zusammengesessen und miteinander geredet. Beide konnten wir kaum noch weinen. Der Abschied von meiner Mutter hatte vor vier Wochen begonnen und sich mit jedem Tag, immer wieder durchwachsen von einzelnen Hoffnungserlebnissen, in kleinen, manchmal auch größeren Schritten genähert. Jetzt war er endgültig da.

Ich habe noch nie einen Menschen gesehen, der gestorben ist, außer im Kino oder im Fernsehen. Als ich Geschichten von anderen Menschen, entfernten Bekannten darüber gehört hatte, fand ich sie gruselig. In der Wohnung aufgebahrte Väter, Mütter oder Töchter, denen alle Angehörigen und Freunde der Familie noch einen letzten Besuch abstatteten.

An meiner Mutter fand ich nichts dergleichen. Ich setzte mich genauso an ihr Bett wie all die Tage zuvor, streichelte genauso ihre Hand. Ich weiß, dass ich darüber nachgedacht habe, ob sie das wohl noch irgendwie spüren, wahrnehmen wird. Ob sie womöglich jetzt über dem Bett schwebt und diese Szene beobachtet, so wie ich es in vielen Büchern gelesen hatte als Berichte einer Schwellenerfahrung von Menschen, die schon im Übergang vom Leben zum Tod waren und dann zurückgeholt wurden.

Meine Mutter wurde nicht zurückgeholt. Sie hatte die Schwelle zum Tod endgültig überschritten. Ich betrachtete sie sehr, sehr lange und dachte immer wieder: Jetzt ist sie ihren Schmerzen und ihren körperlichen Leiden entwischt. Ich glaube, dieser Moment war für mich so etwas wie ein Schockzustand. Nicht weil das Schreckliche, der Tod, nun eingetreten war, sondern weil dieser Augenblick wie ein Erlösungsmoment nach Wochen der dauerhaften völligen Anspannung war. Ich glaube, ich war auch ein wenig erleichtert darüber, dass ich merkte: Ich kann diesen Moment, diese Erfahrung aushalten. Ich schaffe das. Und mein Vater und meine Schwester werden es auch irgendwie schaffen.

Der Tod ist längst aus unserer Gesellschaft vertrieben worden. Trauer ist öffentlich unzulässig. Wir alle drei hatten ähnliche Körperhaltungen in unserer Trauer, den Kopf gesenkt, die Arme fest um den Körper geschlungen, so als wollten wir die immer wieder aufbrechende Trauer in unseren Körper zurückdrücken, ihr den Weg nach draußen verwehren.

In manchen Momenten habe ich für mich selbst erkannt, dass Trauer deshalb verbannt, zurückgedrängt wird, weil sie ein Zeichen der Schwäche ist. Weil Menschen, die trauern, zulassen, dass sie als verletzbar wahrgenommen werden; unfähig, in jedem Moment ihres Lebens die Definitionshoheit über sich selbst zu behalten und das sich daraus ergebende Selbstbild auch in die Umwelt auszustrahlen.

Ich habe mich irgendwann dabei ertappt, dass ich mir immer wieder unterbewusst die Frage stellte, ob sich meine Trauer mehr auf meine Mutter richtet oder auf mich. Ob ich ehrlich trauere, um einen nahen Menschen, der nun nicht mehr da ist, oder ob es eigentlich nur um mich geht, die sich selbst betrauert dafür, dass sie etwas verloren hat. «Die Frage des Selbstmitleids», wie Joan Didion das in ihrem großartigen Buch über den Tod ihres Mannes und die schwere Krankheit ihrer Tochter beschreibt.[26] Im Zuge dieser Gedanken bin ich regelrecht wütend auf mich geworden. Nicht weil ich geglaubt hätte, meine Trauer sei tatsächlich egoistisch, sondern weil ich überhaupt in dieser Weise darüber nachdachte. Wie sind wir von der Umwelt und uns selbst verbogen, wenn in den Augenblicken tiefster emotionaler Empfindung die soziale Legitimation dieser Empfindung wichtiger wird als die Empfindung selbst?

Wie können wir denn trauern außer in Bezug auf uns selbst? Ich glaube, das geht gar nicht anders. Der Mensch kann nicht aus sich heraustreten, sich als dritte Person betrachten, um dabei festzustellen, ob die eigene Trauer objektiviert werden kann. Wozu sollte das auch gut sein? Wir bleiben in uns gefangen wie in einer Blackbox. Und alles, was andere an uns von außen beobachten, beobachten sie ebenfalls in ihrer eigenen Blackbox. Was uns bleibt, ist der Versuch, uns über unsere jeweils eigenen Beobachtungen zu verständigen. Doch das, was wir in dieser Verständigung voneinander verstehen, ist wiederum nur unsere eigene Empfindung. Ich habe niemals wissen können, wie mein Vater wirklich fühlt, ich habe nur beobachten können, wie sich das, was er fühlt, äußert. Umgekehrt ist es genauso.

Dennoch hilft es manchmal so ungemein, wenn man in diesen Situationen nicht allein ist. Letztlich vermuten wir dann, dass wir verstehen und mitfühlen, was der andere fühlt. Aber wir fühlen immer nur uns selbst. Trauer ist, wie viele andere Empfindungen und Wahrnehmungen, also ein sehr konstruktivistischer Prozess. Deshalb kann es auch gar kein Selbstmitleid geben. Jede Form von Mitleid ist auch Selbstmitleid, egal auf wen oder was sie gerichtet ist. Und jede Form von Trauer und ihres Ausdrucks ist daher richtig, angemessen und legitim. Es gibt kein Selbstmitleid. Es gibt nur die Momente der subjektiv wahren Empfindung.

Im Verlaufe ihres Lebens hatte ich meiner Mutter mehrfach vorgeworfen, sie sei kalt gegenüber menschlicher Unzulänglichkeit, kalt gegenüber meinen Gefühlen. Wir hatten gestritten und aneinander gezerrt. Und dabei war ihr Körper warm. In diesem Augenblick am Bett meiner Mutter, kurz bevor sie nie wieder in diesem Bett liegen würde, hatte ich das Gefühl, sie sei innerlich immer warm gewesen, nur ich hatte das oft nicht verstanden. Aber jetzt war ihr Körper kalt.

An diesem Morgen sahen mein Vater, meine Schwester und ich zu, wie zwei Männer die Bahre mit dem Sarg meiner Mutter vorsichtig in den Wagen des Bestattungsunternehmens schoben. Dann fuhr der Wagen ab. Wir hielten uns in den Armen und sahen ihm hinterher. Einen kurzen Augenblick dachte ich, mein Vater würde die Hand heben und dem Auto nachwinken. Vielleicht habe ich mir das auch nur eingebildet, weil ich selbst die Regung verspürte, ein Zeichen des Abschieds zu setzen. In diesem Augenblick habe ich die größte Energie in den ganzen Wochen des Leidens und des sicheren Todes meiner Mutter gebraucht, um ihn aushalten zu können.

Seit ich mich erinnern kann, habe ich gewinkt, wenn ich meine Eltern besucht hatte und dann mit dem Auto wieder wegfuhr. Und immer standen sie beide an der Tür und winkten zurück. Mein Vater macht das heute noch so. Ich muss seit diesem Samstag im Oktober jedes Mal an die andere

Situation denken, wenn ich wegfahre und winke. An die, als ich in der Haustür stand und in Gedanken einem Auto hinterherwinkte mit meiner Mutter darin, die nie wiederkommen würde.

Es war Oktober. Für die erste Semesterwoche war ich wieder in die Schweiz nach Hause gefahren. Die ersten Vorlesungen standen an, und ich hatte fast das Gefühl, die Arbeit an der Universität nehme mir wenigstens für kurze Zeit eine andere Arbeit ab. Die Trauerarbeit. Ich habe versucht, ihr zu entkommen. Ich habe immer noch fälschlich geglaubt, es sei ein Zeichen der Stärke, wenn es mir gelänge, meine Trauer zu verdrängen. Man kann ihr nicht entkommen. Man kann sie tatsächlich zeitweise verdrängen, sozusagen wegschieben, um sie zu einem Zeitpunkt größerer innerer Ruhe wieder hervorkommen zu lassen. Und sie kommt hervor. Dann mit aller Kraft. Und wenn man diesen Prozess der Trauerverdrängung dauerhaft wiederholt, kann man in eine Depression verfallen oder in einen Zustand der ambivalenten Melancholie, wie Freud ihn beschrieben hat. «Bei der Trauer ist die Welt arm und leer geworden, bei der Melancholie ist es das Ich selbst.»[27]

Bei mir kam die Trauer beim Joggen. Frühmorgens oder gegen Abend, wenn es schon fast dunkel ist, laufe ich gerne eine Runde auf den Berg Richtung Wildpark. Zunächst muss ich an der Straße entlanglaufen, aber dann komme ich auf Schotter- und Feldwege, vorbei an Kuhweiden und einem alten Bauernhof. Das ist meine Art der Meditation und Entspannung. Das Laufen macht den Körper und den Kopf frei. Ich genieße dabei auch die ungewöhnliche Strecke. Im Sommer kann ich auf dem Teil der Runde, die durch den Wildpark führt, immer Jungtiere beobachten. Kleine Alpsteinböcke, die nur ein Drittel der Größe ihrer Eltern messen, aber mit einer mindestens doppelt so großen Portion Mut ausgestattet sind, wenn es um die ersten Bergsteigeversuche geht. Ich habe ihnen immer kurz zugeschaut, wenn ich beim Laufen vorbeikam. Ebenso wie den kleinen Rehen, die wie beim Appell nebeneinander dichtgedrängt auf der Wiese liegen, genau an der Stelle, an der schon oder noch ein Sonnenrest das Gras erwärmt.

Auf diesen Strecken bin ich auch der Trauer davongelaufen. Wenigstens habe ich es versucht. Zunächst lief sie hinter mir, dann neben mir, dann mit mir. Und dann merkte ich oft, wie ich unbewusst angefangen hatte, beim Laufen zu weinen. Ich habe mich gefragt, was wohl die Menschen denken müssen, die mir in diesem Augenblick entgegenkamen. Es waren zum Glück nur wenige, und sie kamen selten. Aber sie haben mich doch komisch angesehen. Am Ende dieser Läufe, im Sommer, nachdem Iris tot war, und im Herbst, nachdem meine Mutter gestorben war, kam ich doppelt erschöpft wieder zu Hause an. Manchmal ist verdrängte Trauer ähnlich wie Leistungssport. Sie verlangt unglaublich viel Kraft, Disziplin und Ausdauer.

Einige Tage nach Semesterbeginn bekam ich vom Institut einen neuen Laptop, ein kleines Gerät, praktisch für das viele Reisen. Nichts klappte zunächst. Ich musste den Computer viermal wieder zu unserem Systemadministrator bringen, bevor er endlich funktionierte. Das Wichtigste sind immer die Mails. Sie sind der ultimative Kommunikationskanal zu allen wichtigen Menschen im Privatleben und im Beruf. Ich probiere deshalb nach jedem Installationsversuch zuerst aus, ob das Mailprogramm endlich funktionierte. Am Abend des vierten Tages klappte es zum ersten Mal.

Ich loggte meinen Computer in das Uninetzwerk ein und beobachtete beglückt, dass es endlich gelang.

Zu dem Zeitpunkt war es fast elf Uhr abends, und ich war schon sehr müde. Ich sah, dass wieder einige neue Mails gekommen waren, und klickte die eines Freundes an, um sie schnell zu lesen. Aber geantwortet habe ich nicht. Nachdem ich wusste, es funktioniert, habe ich den Laptop schnell wieder abgeschaltet.

Als ich am nächsten Tag nach meiner Vorlesung ins Institut kam und meinen Posteingang checkte, fiel mir eine Mail sofort ins Auge. Sie war mit «Verspätete E-Mail» in der Betreffzeile überschrieben und mir als Antwort zurückgeschickt worden, von Iris' Freund. «Liebe Miriam», schrieb er, «gestern Abend spät habe ich eine Mail von Dir erhalten, die offenbar schon einige Wochen alt ist, die ich aber nie bekommen hatte. Du schreibst mir, wie leid es Dir tut, dass Iris sich das Leben genommen hat. Offenbar hat die Firewall meiner Firma ganze Arbeit geleistet. Wie auch immer, es ist schön, von Dir zu hören. Ich hoffe doch, dass wir uns bald mal wieder sehen.»

Ich saß wie versteinert am Schreibtisch und starrte auf den Bildschirm meines Computers. Ich hatte am Vorabend keine Mail geschickt, schon gar keine Beileidsmail zum Tode von Iris, die wir bereits vor Wochen auf ihrer letzten Reise begleitet hatten. Natürlich habe ich sofort die Liste der gesendeten Mails kontrolliert, aber auch da gab es keine Mail, die am Vorabend gegen 23 Uhr abgeschickt worden war. Keine, nicht einmal an jemand anderen. Ich fand das beängstigend.

Ehrlich gesagt konnte ich nicht von dem Gedanken ablassen, dass das ein Zeichen war. Ein Zeichen dafür, dass man vor der Trauerarbeit nicht weglaufen kann. Das habe ich bei Iris getan. Ich habe mich in den «Strudel der Geschäfte um der Geschäftigkeit selbst willen» wider den Tod geflüchtet.[28]

Ganz oben in meinem Schlafzimmerschrank steht eine kleine Holzkiste, in der Postkarten und Fotos aufgehoben sind aus der Zeit, als Iris und ich mit vielen Freunden um die Häuser gezogen sind und gefeiert haben. Das waren wildere Zeiten als heute, und sie waren sehr schön. Iris' Freund hatte mir die Kiste gegeben, als wir nach der Seebestattung in Scheveningen wieder an Land gegangen waren. Er hatte sich wahnsinnige Mühe gemacht, allen Freunden noch etwas von Iris zurückzugeben, als Erinnerung, manchmal vielleicht auch, weil er dachte, dass einzelne Briefe oder andere Dinge zu dem Menschen zurückkehren sollten, von dem sie einst gekommen waren. Es gibt etwas Privates im Leben des Menschen, das darf man auch nach seinem Tod nicht durch die Öffentlichkeit schleudern, in falsche Hände geben.

Es ist etwas Intimes in vielen kleinen Erinnerungsstücken, und sie gehörten deshalb denen, aus deren Händen sie zu Iris gekommen waren.

Ich habe diese Kiste noch auf dem Parkplatz am Hafen kurz geöffnet und hineingeschaut. Ich fühlte mich furchtbar, aber ich musste einen Blick hineinwerfen. Darin waren viele Fotos. Im ersten Augenblick dachte ich: Mein Gott, ist das lange her, mein Gott, waren wir da jung. Dann ging es nicht mehr. Es war, als ließe jedes Foto etwas tief in mir aufplatzen. Wunden, von denen ich nichts wusste. Die Kiste steht heute oben in meinem Schrank. Ich habe sie noch kein Mal wieder geöffnet. Wahrscheinlich habe ich Angst vor der

Kiste. Wahrscheinlich habe ich eher Angst davor, was mit mir geschieht, wenn ich sie öffne.

Und jetzt, Wochen nach dem Sonntag im August, kam ein Zeichen. Mein Computer hatte selbständig eine Mail verschickt, die ebenfalls Wochen alt war. Ich las nicht nur die Antwort von Iris' Freund, sondern auch meine Originalmail.

Ich hatte geschrieben: «Es wäre wirklich schön gewesen, wir hätten uns anders kennengelernt … Ich habe Iris in letzter Zeit nicht mehr so oft gesehen, aber sie ist einfach ein sehr, sehr wichtiger Mensch in meinem Leben gewesen. Und irgendwie ist das alles nicht zu begreifen, für mich jedenfalls nicht. Danke auch für das Foto von Iris. Es fällt mir schwer, es anzugucken, aber ich freue mich, dass ich es habe.»

Mir wurde klar, dass ich Iris' Tod seit zwei Monaten vor mir selbst verschwiegen hatte. Ich hatte mich in Arbeit gestürzt und versucht, nicht an Iris zu denken, nicht daran, warum sie sich das Leben genommen hatte, nicht daran, ob es irgendjemanden oder irgendetwas hätte geben können, um es zu verhindern, und nicht an den Sonntag in Holland. Und ich hatte die kleine Holzkiste nie wieder aus dem Schrank genommen, geschweige denn geöffnet.

Die Mail brachte nun alles zu mir zurück. Ich hätte diese Chance ergreifen können. Ich hätte darüber nachdenken können, ob es mir mit dem Tod meiner Mutter ähnlich gehen würde, ob ich auch da schon vor der Beerdigung in den Verdrängungsprozess eingetreten war. All das wäre wohl gut für mich gewesen. Stattdessen rief ich den IT-Service der Universität an und bat darum zu überprüfen, warum mein Computer nachts eigenhändig Mails verschickt. Auf diese Prüfanfrage habe ich übrigens bis heute keine Antwort erhalten. Wahrscheinlich halten sie mich dort für überarbeitet oder einfach für sonderbar.

Meine Mutter wurde an einem Montag beerdigt, acht Tage nach ihrem Tod. Es war ein wundervoller Herbsttag im Oktober. Die Sonne schien, und es war noch so warm, dass man keinen Mantel tragen musste. Das ist oft ein Problem bei Beerdigungen: dass man nie einen Mantel hat, der dem Anlass angemessen ist und farblich passt.

Ich hatte Angst vor der Beerdigung. Tage vorher habe ich über fast nichts anderes nachgedacht. Ich habe darüber nachgedacht, ob es mir gelingen wird, nicht in einen hysterischen Weinkrampf auszubrechen. Wie ich die ganzen Kondolenzbezeugungen der anderen überstehen kann. Was wohl der kleine Sohn meiner Schwester machen wird und ob er überhaupt richtig versteht, was geschehen ist. «Eigentlich ist das jetzt so, wie wenn Oma in China wohnt», hatte er am Todestag meiner Mutter gesagt, als wir alle nachmittags mit meinem Vater zusammensaßen und einen Kaffee tranken. Ein bisschen hat er recht. Nur dass meine Mutter nie nach China gegangen wäre. Das hat sie sich aussuchen können. Die andere Reise musste sie antreten.

Ich hatte solche Angst vor der Beerdigung, dass ich in der Nacht zuvor kein Auge zugetan habe. Gegen sechs Uhr morgens bin ich eingeschlafen, also zu der Zeit, in der man es besser gleich ganz lassen sollte, wenn man weniger als zwei Stunden später sowieso aufstehen muss. So fühlte ich mich wie zerschlagen, noch weniger in der Lage, mit der Situation umzugehen.

Um den Tag zu überstehen, habe ich ihn in fünf Fünftel unterteilt. Das mache ich oft, wenn ich Schwieriges vor mir habe, weil ich dann das Gefühl habe, dass es so einfacher geht. Ich konzentriere mich dann immer nur auf den gerade bevorstehenden Bruchteil und verspüre eine Entlastung, wenn schon mal ein Teil geschafft ist. So war es auch an diesem Tag.

Wir Menschen müssen manchmal erst durch einschneidende Erlebnisse lernen, dass wir sensible, anfällige Wesen voller Gefühle sind. Die preußische Erziehung, die ich wie viele andere meiner Generation noch mitbekommen habe (genossen wäre hier vielleicht dann doch der falsche Begriff), lässt uns glauben, es müsse immer alles möglich sein, wir müssten immer funktionieren. Das war bei meiner Mutter auch so, und sie hat es sehr effektiv an mich weitergegeben. Aber Menschen funktionieren nicht. Sie leben. Und von Zeit zu Zeit gibt es Dinge, die uns zeigen, dass das Leben endlich ist. Wir bemerken dann, dass es sich lohnt, Ausnahmen und Abstriche zu machen. Dass Perfektion letztlich nichts anderem dient als der Erfüllung selbstauferlegter Zwänge. Der Tod eines wichtigen Menschen ist so ein Erlebnis. Ihn auszublenden heißt, sich selbst auszublenden. Denn nur über die Auseinandersetzung mit dem Tod gelingt es, «etwas in sich zu entdecken, was mit dem verstorbenen Menschen zusammenhängt, und dennoch zu spüren, dass mit den alten Lebensumständen nicht mehr zu rechnen ist, dass das eigene Welt- und Selbstverständnis umgebaut werden muss». Das ist der Dreiklang aus «Symbiose, Loslösung und Individuation», wie ihn die Psychologie beschreibt.[29]

Nach dem Tod meiner Mutter konnte ich wochenlang nicht richtig schlafen. Ich habe nie Probleme mit dem Einschlafen gehabt, und die gab es erstaunlicherweise auch in der Zeit nicht, als ich bei meinen Eltern zu Hause war und wusste, dass meine Mutter sterben würde. Ich habe in diesen vielen Nächten sogar recht gut geschlafen, bis auf die eine Nacht, in der meine Mutter dann tatsächlich starb. Ich glaube, ich habe es einfach gewusst, dass es nun geschehen würde, und habe darauf gewartet, die Schritte meines Vaters auf der Treppe zu hören.

Seit dem Tag, an dem meine Mutter starb, konnte ich nicht mehr richtig schlafen. Ich schlief problemlos ein, aber dann wachte ich vier-, fünfmal in der Nacht auf, jedes Mal völlig orientierungslos. Ich wusste nicht mehr, wo ich war, welchen Tag und Monat wir gerade schrieben. Ich fand den Lichtschalter nicht, nicht einmal in meiner eigenen Wohnung, an meinem eigenen Bett, von dem die Lampe etwa dreißig Zentimeter entfernt steht.

Es war jedes Mal ein ähnlicher Traum, der mich aufschrecken und wach werden ließ, ein dumpfer Traum, der keine richtige Handlung kannte. Ich wachte auf und dachte, irgendetwas sei zu spät, ich sei zu spät. Ich hätte längst etwas tun müssen. Einige Male erinnere ich mich sehr konkret, dass es mit meiner Mutter zu tun hatte, dass sie im Nebenzimmer saß und wartete, aber ich war spät, viel zu spät. Andere Male blieb der Traum im Dumpfen. Nur das Gefühl war immer das gleiche.

Oft fand ich mich dann irgendwo im Zimmer wieder, auf der Suche nach Licht oder der Tür oder meiner Mutter im Nebenzimmer. Und es dauerte jedes Mal einige Minuten, bis ich realisiert hatte, dass nichts geschehen war. Ich konnte mich einfach wieder hinlegen, fühlte mich aber völlig zerschlagen. Wenn das vier- bis fünfmal die Nacht so passiert, kann der Schlaf keine Erholung bringen.

Als ich einmal in Berlin bei meiner Freundin war, erinnerte ich den Traum differenzierter. Ich träumte, ich müsse darauf aufpassen, dass die Tür zu dem Zimmer, in dem meine Mutter todkrank lag, nicht zufällt. Dann sah ich im Traum, wie die Tür langsam zuging, und ich wusste, dass ich sie von außen nicht würde öffnen können. Also musste ich durch eine andere Tür wieder in den Raum gelangen, um sie von innen wieder öffnen zu können. Ich sah diese andere Tür und versuchte, ihre Klinke zu greifen. Ich fand mich im Stockdunklen wieder, hektisch die Wand abtastend, um die Tür zu finden, die doch eben noch dagewesen war. Jetzt war sie verschwunden. Ich tastete und tastete, bis das Licht an ging und ich schließlich realisierte, dass es dort nie eine Tür gegeben hatte, dass die andere Tür immer geschlossen und nie zugefallen war und dass meine Mutter längst tot war und in keinem Zimmer lag – nicht in dieser und auch in keiner anderen Wohnung.

Wie lange es dauert, bis es gelingt, über den Tod eines Menschen hinwegzukommen. Sofern und soweit es denn gelingt. Es ist schon etwas dran an dem Satz von der Zeit, die Wunden heilt. Sie heilt, aber sie heilt nur manche Wunden. Manche lässt sie kleiner werden, aber regelmäßig brechen die übriggebliebenen Wundstellen wieder auf und nässen, manchmal bluten sie auch. Daran kann die Zeit nichts machen. Wir selbst können daran etwas ändern, aber das ist so unglaublich schwer. Wenn es in der entscheidenden Phase nach dem Tod eines Menschen nicht gelingt, dann gelingt es sehr lange nicht, womöglich nie. Es ist diese Phase, die Joan Didion als Wochen und Monate beschreibt, «in denen sich jede feste Vorstellung auflöste, die ich jemals vom Tod hatte. Von Krankheit. Von dem, was wahrscheinlich ist und was Glück, was ein glückliches Schicksal und was ein trauriges ist, (...) was Trauer bedeutet und wie Menschen sich mit der Tatsache, dass das Leben irgendwann aufhört, auseinandersetzen oder nicht auseinandersetzen. Davon, wie flüchtig geistige Gesundheit ist und vom Leben selbst.»[30]

Jeder Verlust eines Menschen verursacht Kerben, die sich in unser Innerstes ritzen. Manchmal wachsen wir über die Dinge hinaus, auch über unsere eigenen Erfahrungen. Dann verwachsen die Kerben, und wir müssen selbst sehr genau hinsehen, um erkennen zu können, wo sie früher zu finden waren. Manchmal bleiben sie. Und einige von ihnen werden zu Filtern, durch die nur noch manches von außen nach innen und noch weniger von innen nach außen gelangt. Dann ist unsere Gefühlsosmose gestört.

Ich habe für diesen Zustand immer wieder eine Beschreibung gesucht, die erklären kann, was damit gemeint ist. Das ist ausgesprochen schwierig. Der Tod eines anderen Menschen nimmt uns die emotionalen Knautschzonen, die wir alle in uns haben. Er kann die Tür verklemmen zwischen unserer Außen- und Innenwelt, sodass der innerste Raum unserer emotionalen Innenwelt auf immer verschlossen bleibt. Wir wissen, dass es ihn gibt, und ahnen, was sich dort findet. Aber wir haben ihn in unserem tiefsten Innern endgelagert. Das gelingt manchen Menschen für den Rest ihres Lebens. Andere tragen Schläferzellen in sich, analog zu einer Krebserkrankung, die irgendwann aktiv werden, aufbrechen und Körper und Geist überschwemmen.

Ich habe auch einmal einen Gefühlsraum in meinem Innersten endgelagert und mit allem verschlossen, was mir zur Verfügung stand. Das ist lange her. Ich weiß, dass es ihn gibt, und ich hoffe, dass es zwischen ihm und mir inzwischen wieder einen regeren Austausch gibt, der vielleicht so weit wieder Normalität geworden ist, dass ich es gar nicht bemerke. Aber sicher bin ich mir nicht.

Dieses Lager hat sich in dem Moment geöffnet und wieder geschlossen, als ich an einem Frühsommertag vor mehr als zwanzig Jahren an einer Haustür klingelte, um meinen Freund zu einer Party abzuholen. Der Summer ging, die Tür öffnete sich, und ich sprang eine Treppe hinauf. Oben an der Treppe stand eine Frau, die so aussah, als sei sie innerhalb eines Tages um mindestens dreißig Jahre gealtert. Ich stockte auf der Treppe und blieb stehen. In diesem Augenblick habe ich gewusst, was war. Nicht wie oder warum. Aber was war, das hatte ich sofort verstanden.

«Peter ist tot», sagte die Frau an der Treppe. Es war seine Mutter. Ich ging langsam die letzten Stufen hinauf und starrte sie an. Ich glaube, ich habe mehrmals «Was ...?» gesagt und stand dann direkt vor ihr im Flur im ersten Stock. Durch die offene Tür konnte ich in den Räumlichkeiten dahinter die ganze Familie sehen, wie sie alle im Wohnzimmer saßen, der Vater, die Schwestern, ein Bruder. Die Mutter nahm mir den Hut aus der Hand, der Peter gehörte und den ich am Vorabend mit nach Hause genommen hatte.

Ab diesem Moment fehlen mir die Verbindungen zwischen einzelnen Teilen dieses Nachmittags. Ich sehe mich, wie ich in diesem Wohnzimmer auf einem Sessel sitze und weine. Ich erinnere mich daran, dass ich seinen Abschiedsbrief in den Händen halte. Ich fühle auch heute noch genau nach, wie ich damals fühlte, dass ich so schnell wie möglich rauswollte aus diesem Haus, weg von dieser Familie.

Ich weiß nicht, wie ich von dem Haus zur Party gekommen bin. Aber ich kam wie in Trance dort an (seltsam, dass ich überhaupt noch dort hingegangen bin, wahrscheinlich wusste ich nicht, wo ich sonst hätte hingehen sollen). Meine Freunde haben dann meine Eltern angerufen, und mein Vater kam, um mich abzuholen und nach Hause zu bringen. Auch dort kann ich mich an kaum etwas erinnern. Ich saß in meinem Zimmer und starrte auf eine Zeitschrift, die auf meinem Schreibtisch lag. Und ab und zu verschwamm das Titelbild dieser Zeitschrift so, dass ich nichts mehr erkennen konnte.

Der Tod eines geliebten Menschen ist an sich eine schwere Erfahrung. Aber auch im Angesicht dieser grundlegenden Erkenntnis ist es ein Unterschied, ob ein Mensch mit fast achtzig Jahren oder mit Mitte zwanzig stirbt. Das hat mir bei Peter und Iris unendlich zu schaffen gemacht. Dass nach einem Drittel oder Viertel der erwartbaren Lebenszeit schon ein Schlusspunkt gesetzt wird. Und dass er von den Menschen selbst gesetzt wird. Hätte ich, hätte irgendjemand wissen oder verstehen können? Es verhindern können? Ich habe diese Frage bei Peter bis heute nicht wirklich für mich beantworten können. Es bleibt etwas Unbegreifbares, nicht unbedingt gegenüber der Erkenntnis, dass ein Mensch freiwillig aus dem Leben scheiden kann. Vielmehr gegenüber dem Wissen darum, dass dies möglich ist, ohne dass sich dieser Entscheidungsprozess nahestehenden, nächsten Menschen auch nur irgendwie offenbart.

Können wir den Tod aushalten lernen? Ich glaube, das können wir nicht. Ich habe immer gedacht, ich müsse irgendwann gelernt haben, mit dieser Situation und all ihren Folgen umzugehen. So als könne ich Gefühle dadurch von vornherein verhindern, dass ich weiß und mir bewusst mache, sie werden irgendwann durch den Lauf der Zeit und den Fortgang des Lebens gemildert. Aber so ist das nicht.

Wir müssen durch diese Gefühlswellen hindurch, jedes Mal neu, wenn ein Mensch stirbt, der uns etwas bedeutet.

Als meine Mutter starb, habe ich immer wieder in mich hineingehört und gehofft, ich könne meine Erfahrung mit dem Tod geliebter Menschen nutzen, um es diesmal besser auszuhalten. Ich habe gehofft, dass sich die vielen einzelnen Erfahrungswelten, die um den Tod eines anderen Menschen in meinem bisherigen Leben entstanden sind, zu einem Ganzen zusammenschließen würden, in dem ich erkennen könnte, dass es all das schon einmal gab, was ich jetzt erleben und durchleben würde.

Aber das stimmt so gar nicht. Als meine Mutter starb, habe ich nichts erlebt, was ich genauso schon einmal erlebt hatte. Jeder Tod ist anders, eben weil jeder Mensch, der stirbt, anders ist. Und weil uns jede dieser Verlusterfahrungen in einer anderen Situation trifft.

Ich stelle mir mein Innerstes, die «virtuelle Materie» meiner Gefühls- und Erfahrungswelten, vor wie eine weite, stille See. Unter der Wasseroberfläche haben sich viele harte und weiche Schichten in den Jahren meines bisherigen Lebens aneinander- und ineinandergeschoben. Dadurch sind Erhöhungen und Vertiefungen entstanden, die man nur sehen kann, wenn man unter die Wasseroberfläche schaut. Nur die wirklich tiefgreifenden Erfahrungen haben die Materie so weit nach oben getrieben, dass kleine Inseln entstanden sind, die über die Wasseroberfläche ragen. Sie sind jeweils Refugium für einen Menschen, der mir etwas bedeutet, aber seine Rolle im Leben schon zurückgegeben hat.

Wenn ich träume, sehe ich manchmal diese Inseln und darauf die einzelnen Menschen, die mir von fern zuwinken. Da ist Peter auf einer großen Insel, mein Musikerfreund

Thomas auf einer kleineren, mein Onkel, der mit gerade 50 Jahren an Hepatitis starb, und Sandra, die wegen eines Hirntumors ihr Abitur nicht mehr erlebt hat. Da sind Inseln mit meinen Großeltern darauf, und es gibt eine für Iris. Und nun ist da auch eine Insel für meine Mutter, ganz im Vordergrund des Bildes. Und dann stelle ich mir vor, dass es auch in diesem inneren Gewässer meiner selbst Ebbe und Flut gibt. Wenn die Flut kommt, sehe ich höchstens die Inseln und die Menschen darauf. Wenn das Wasser sich dann irgendwann wieder zurückzieht, kann ich beobachten, wie kleine Holzstege zwischen diesen Inseln hervorkommen, die die Menschen mit ihren Erfahrungen verbinden.

Wenn es diese Stege wirklich gäbe, dann müsste ich die Inseln in mir verbinden können, von einer zur anderen wandern und daraus lernen können. Dann müsste ich vergleichen können, bei wem ich wie empfunden habe, was mir in welchem Fall von Tod und Trauer so besonders schwergefallen ist, ja was ich daraus lernen könnte, um demnächst souveräner, nein, weicher und offener an die Schwelle zwischen Leben und Tod heranzutreten.

Tatsächlich habe ich – auch im Traum – noch nie gesehen, dass jemand auf diesen kleinen Holzstegen von einer Insel zu einer anderen gegangen wäre. Wahrscheinlich haben sie Angst, weil sie nicht einschätzen können, wann die nächste Flut kommt. Oder es ist so, dass diese Flut in mir sehr lange anhält und die Ebbe einfach auf sich warten lässt.

So sehe ich all diese Menschen, die mir in meinem Leben etwas Besonderes bedeutet haben, immer als Solitäre. Vielleicht winken sie sich oder auch mir ja von Zeit zu Zeit zu. Aber letztlich bleibt jeder allein auf seiner Insel, getrennt durch Wasser, mit dem ich meine Erinnerungen flute. Eine

Vielzahl von Trauererfahrungen verbindet sich eben nicht zur Trauerexpertise.

Über so vieles habe ich seit dem Tod meiner Mutter immer und immer wieder nachgedacht. Und vieles habe ich gelernt. Dass ich zulassen muss, traurig zu sein. Dass es Zeit braucht, die Trauer zu erspüren, zu erkennen und anzunehmen. Dass sie nicht verschwindet, wenn ich sie mit Nichtachtung strafe. Sondern dass sie irgendwann anfängt, mich zu strafen, wenn ich immer und immer wieder versuche, sie abzuwehren und zu ignorieren. Ich habe schließlich sogar gelernt, dass der kindliche Glaube an die immer gute Wendung im Leben einem irgendwann nicht mehr passt. Dass man herauswächst aus diesem Glauben, wie aus den Kleidern, die man als Kind trägt. Die kindliche Herausforderung des Schicksals, es möge einen im Guten betrügen, hat einmal ein Ende.

In der Nacht, bevor ich aus der Klinik entlassen werde und wieder nach Hause fahren darf, träume ich von meiner Mutter. Sie sieht anders aus, als meine Mutter aussah, aber ich weiß, dass sie es ist. Sie steht vor mir, dann umarmt sie mich und legt mir eine Hand in den Nacken, die sich warm und fest anfühlt. «Ich bin traurig», sagt meine Mutter, «aber ich weiß, dass du es tun musst. Du musst entscheiden.»

DIE SUCHT BEDANKT SICH
UND GEHT

Meine Güte. Heute ist da draußen nichts als Nebel. Nicht einen Baum kann ich sehen. Die Welt kriecht an mich heran, ohne sich zu zeigen. Wie diese unsichtbaren Monster in den alten Science-Fiction-Filmen von Jack Arnold. Ich würde mich nicht wundern, wenn jetzt gleich Tarantula riesig und unheimlich aus der Baumgruppe rechts vor mir herausbrechen und sich nähern würde. Aber da kommt nichts und niemand. Der Blick nach draußen ist der Blick ins Nichts nun schon den zweiten Tag. Als ob die Welt wüsste, dass ich auf mich, in mich selbst hineinschauen soll, und mir deshalb keinerlei Anschauung bietet.

Wie schaue ich in mich selbst? Das ist schwerer als gedacht. Nicht nur weil manche Erkenntnis, manches Empfinden, die Trauer oder die Angst dann hervorkommen und mich schütteln. Das ist ein Prozess, den ich bislang – wie und wo immer möglich – gleich im Entstehen gestoppt habe. Vielleicht weil ich die damit verbundenen Gefühle nicht ertragen kann, mehr noch weil ich es nie anders gelernt habe. Kleinen Jungen hat man früher beigebracht, dass nur Weicheier weinen. Kleinen Mädchen manchmal auch. Wer in der Welt zurechtkommen und überleben will, muss stark sein, durchhalten und darf keine Schwäche zeigen.

Was Jahrzehnte gut gelernt ist, lässt sich nicht von heute auf morgen über den Haufen werfen. Aber ich übe hier. Meist übe ich alleine auf meinem Zimmer, aber das ist ja mal ein Anfang.

Es ist auch schwer, in mich selbst zu schauen, weil in diesem Moment Beobachter und Beobachtetes identisch werden, verschmelzen unter der Aufgabe der Unterscheidung, die ich ja eigentlich brauche, um das, was ich beobachte, überhaupt beobachten und unterscheiden zu können. Das ist im Grunde unmöglich. Wenn ich das, was ich hier tun soll, mit meinem eigenen Theorienfundus erklären soll, den ich sonst gerne beherzt an die Studentinnen und Studenten herantrage, dann wird es wirklich kompliziert. Wir alle sind in der Regel befähigt in der Beobachtung erster Ordnung, also darin, unsere Umwelt zu beobachten, zu der wir eben nicht gehören und die wir als das andere feststellen können, um uns darin eine Antwort auf die Frage ‹Was beobachte ich?› zu geben: einen Tisch, einen Stuhl, eine Personengruppe, die Bäume vor meinem Fenster oder die Rehe, die über die verschneite Wiese laufen. Dabei sehe ich nur, was ich sehe, nicht aber, was ich nicht sehe. Zum Beispiel sehe ich mich nicht. Auch die Unterscheidung zwischen mir und meiner Umwelt, die ich in meiner Beobachtung ganz natürlich zugrunde lege, sehe ich nicht. Das ist mein blinder Fleck. Und an den soll ich ran.

Es hilft nichts, die Augen zu schließen, sich die Ohren zuzuhalten oder sich ins verdunkelte Zimmer zu setzen, um dieses Problem zu lösen. Der blinde Fleck entsteht nicht aus einer mangelnden Aktivierung der eigenen Sinne, sondern aus einer erkenntnistheoretischen Grundunterscheidung. Wenn ich beobachte, bin ich außen vor. Ich bin mein eigener blinder Fleck. Wenn ich den im übertragenen Sinne wegwischen möchte, muss ich die von mir getroffene Unterscheidung beim Beobachten in mein Unterscheidungssystem wieder einführen.

In der Sprache der Erkenntnisphilosophie heißt dieses Phänomen «Re-Entry» und bezeichnet einen Vorgang, der praktisch unmöglich ist. Ich müsste mich im materiellen Sinne zunächst verdoppeln, um mich dann selbst zu verschlingen. Im ersten Schritt hätte ich ob meiner besonderen Künste der Entfesselung vom eigenen Körper alle Chancen auf einen Erfolg wie Harry Houdini. Nach dem zweiten Schritt lande ich vermutlich in der geschlossenen Anstalt. Darum kann es also nicht gehen. Ich muss vielmehr in einer Beobachtung zweiter Ordnung die Grundlagen meiner Unterscheidung beobachten, um sie auf dem Weg über die (immateriellen) Bezeichnungen in mein kognitives System zurückzuführen.[31] Das klingt genauso kompliziert, wie es ist, und führt häufig zu fehlerhaften Einschätzungen. Deshalb schreiben zum Beispiel Medienjournalisten selten gut über Medienthemen. Das Problem des blinden Flecks verlangt eine andere Art der Beobachtung, eine Metabeobachtung. Und deshalb ist das, was ich hier mit mir selbst versuche, nicht nur Work in Progress, sondern oft genug Beleg für banales Scheitern in der Beobachtung zweiter Ordnung.

Aber ich versuche es. Ich agiere hier ständig inmitten meines blinden Flecks. Wenn er tatsächlich als Fleck an sich materiell vorhanden wäre und damit mehr als die Bezeichnung von etwas Fehlendem, müsste er schon ganz groß und breit getreten sein, so viel habe ich mich in ihm getummelt, um zu lernen, was ich noch gar nicht über mich wusste, um meine Unterscheidungsgrundlagen zu erkennen, zu befragen und dann vielleicht sogar verändern zu können. Zugegeben, das ist die normative Ableitung aus einer streng systemischen erkenntnistheoretischen Weltsicht und damit eigentlich unzulässig. Aber an dieser Stelle habe ich keine Lust, konsequent zu sein. Das Leben ist nicht konsequent, andere Menschen sind es nicht (nicht mal die großen Theoretiker schaffen das durchgängig), warum soll ich es also sein müssen?

Wenn man es in der Selbstbeobachtung als Beobachtung zweiter Ordnung ständig mit dem blinden Fleck zu tun bekommt, dann mag die Fremdbeobachtung als die ‹einfachere› Form der Beobachtung erster Ordnung helfen. Und Ordnung hat hier nun eine ganz neue, zusätzliche Bedeutung im Sinne von: sein Leben ordnen. Wer ordnen will, muss erst einmal die aktuellen Grundstrukturen und Personenkonstellationen erkennen und nachvollziehen, um dann über Veränderungen (manchmal liegen die in mehr Ordnung, manchmal auch in mehr Unordnung) nachdenken zu können.

Eine solche Form des Erkennens durch Ordnen ist die Aufstellung. Diese Methode der systemischen Psychotherapie bietet Möglichkeiten, in die aktuellen Beziehungsstrukturen von Menschen Einblick zu nehmen und dabei auch Problemursachen zu erkennen, die einen Menschen gefangen halten, belasten und krank machen können. Auch wenn diese Methode in der Regel unter dem Begriff «Familienaufstellung» firmiert, lassen sich alle möglichen Beziehungskonstellationen aufstellen. Die Familie ist natürlich ein Ausgangs- und Ankerpunkt. Was dort schwierig und falsch gelaufen ist, hat Auswirkungen, die häufig ein ganzes Leben lang den Menschen prägen. Aber darüber hinaus sind es die aktuellen Beziehungskonstellationen aus Partnerschaft, Liebes- und Freundschaftsbeziehungen sowie kollegialen (oder auch unkollegialen) Beziehungen am Arbeitsplatz, die einen Menschen bestimmen und zu einem glücklichen oder unglücklichen Zeitgenossen machen.

Ich habe das zweimal mitgemacht und war anfangs mehr als skeptisch. Nicht zuletzt deshalb, weil manche Methoden der Familienaufstellung, wie die von Bert Hellinger, überaus umstritten sind und bei vielen Kritikern und Fachkollegen als «esoterische Scharlatanerie» gelten.[32] Vor allem die öffentliche Entblößung und Offenbarung tiefliegender und innerster Probleme in den Beziehungsstrukturen eines Menschen kann Folgen haben, die für das Opfer der öffentlichen Betrachtung und Analyse keineswegs hilfreich sind.

Wir sind nicht öffentlich. Wir sind in einer geschlossenen Gruppe, in der jeder als Regel Nummer eins gelernt hat, dass außerhalb nicht darüber geredet wird, was innerhalb der Gruppe geschieht.* Und wir sind in einem geschlossenen Raum, in dem es keine Öffentlichkeit gibt jenseits unserer kleinen Gruppe von zehn Menschen, die alle mehr oder weniger in derselben Situation sind: Es geht ihnen nicht gut, und das möchten sie ändern.

Maria hat sich entschlossen, dass sie ihre Lebenssituation gerne aufstellen möchte. Wir diskutieren kurz darüber und stellen dann fest: Die Gruppe möchte mitmachen. Nun gilt es für Maria, Stellvertreter für sich selbst und die wichtigsten Personen in ihrem Leben zu benennen, die ihr helfen, die Situation umzusetzen, in der sie sich in ihrem derzeitigen Lebensabschnitt befindet. Ich bin nicht sicher, ob ich mich

---

* Die Namen aller Beteiligten sind deshalb durchgehend geändert.

glücklich oder unglücklich schätzen soll, als sie mich gleich zu Beginn als ihre Stellvertreterin auswählt. Ich mag Maria, mochte sie von Beginn an. Sie sitzt im Speisesaal in meiner Nähe. Ich habe sie immer wieder beobachtet, aber noch nicht oft oder ausgiebig mit ihr gesprochen. Doch ich mag ihren Humor, und ich mag, wie sie sich kleidet. Außerdem liest sie. Wir haben schon mal über Buchempfehlungen gesprochen. Das hat mir gefallen.

Ich stehe in der Mitte des Raumes, den Blick zum Fenster gewandt. Draußen scheint eine strahlende Sonne auf die verschneite Landschaft und schickt einen Schwall Wärme in den Raum. Von vorne ist mir warm, von hinten kalt. Ohne zusätzliche Kleidung oder Wärmequellen ist mir immer kalt. Wenige Minuten später wird mir noch kälter. Das ist der Augenblick, in dem Ariane hinter mich tritt und mir die Hände auf die Schultern legt. Ihre Hände sind auch kalt. Ariane ist nicht mehr Ariane, sondern «die Sucht». Man kann nicht nur Menschen aufstellen, man kann auch Dinge oder Komplexe aufstellen, die in der eigenen Lebenssituation eine ganz besondere Rolle spielen.

Mit der Aufstellung der «Sucht» hat Maria einen ersten Schritt der Erkenntnis getan. Sie hat sich bislang unter dem Label «Burnout» behandeln lassen. Doch vor einigen Tagen hat sie – nach einem langen Prozess und unter großen inneren Schwierigkeiten, wie ich später erfahre – sich selbst eingestehen müssen, dass der «Burnout» nicht ihr zentrales Problem ist. Das ist die Sucht, die Abhängigkeit vom Alkohol als Fluchtmittel aus der Wirklichkeit. Ich habe in diesem Augenblick ein «Aha-Erlebnis». Ich habe Maria immer wieder beobachtet, wie sie abends durch das Kaminzimmer streift, hier und dort an einem Tisch anhaltend und ein kurzes Gespräch führend, und wie sie dabei ein Glas mit Milchkaffee in der Hand hält. Und ich habe mich schon mehrmals gefragt, ob in diesem Glas wirklich nur Kaffee und Milch sind. Irgendwie habe ich es geahnt, dass es auch um Alkoholsucht geht, die Maria sehr elegant zu verstecken weiß, und ich freue mich, dass sie nun den Schritt tut, sich diese Tatsache selbst einzugestehen.

In dem Augenblick, als Ariane mir die Hände auf die Schultern legt, verspüre ich einen unangenehmen kalten Druck. Ich habe das Gefühl, ich werde von ihr nach hinten gezogen, weg von der Wärme, die mich durch das sonnendurchflutete Fenster erreicht, hin in den hinteren, dunkleren Teil des Raums, in den mich aus mir selbst heraus nichts zieht. Das ist das erste Mal, dass ich spüre, was ich eigentlich gar nicht spüren kann. Ich bin doch ich. Ich habe kein Suchtproblem. Warum zieht mich diese Sucht also runter? Und warum kann das sein, wo ich doch weiß, dass die Sucht nicht «die Sucht» ist, sondern einfach Ariane, eine nette und zurückhaltende Frau? Es wird mehrere dieser Erfahrungen geben, bei mir und bei anderen aus der Gruppe. Diese Aufstellungen lösen etwas Bemerkenswertes aus: Die emotionale, manchmal gar sensorische Identifikation mit der Person, die man gerade darstellt. Ich kann spüren, wie sich die Situation anfühlt, in der Maria sich befindet. Und ich spüre, dass es keine gute Situation ist. Ich will hier raus!

Mir gegenüber steht Ralf. Er ist in die Rolle der «Schule» geschlüpft, an der Maria arbeitet und die in ihrem Beziehungssystem offenbar auch eine problematische Konstellation darstellt. Ich beobachte Ralf und beneide ihn zunächst ein bisschen. Er steht nah am Fenster, wird am Rücken von der Sonne beschienen. Er hat vermutlich die beste Position ergattert. Dieser Eindruck bleibt nur einige Minuten bestehen, dann sehe ich, dass Ralf anfängt, zu schwitzen und zu schwanken. Er fühlt sich offensichtlich extrem unwohl. Der Arzt tritt neben ihn und legt ihm die Hand auf den Arm. Als auch das nichts nützt, schiebt er einen Stuhl heran. Ralf lässt sich darauf fallen und atmet hörbar aus. Die Schule ist offenbar klar überfordert in der Beziehungssituation zu Maria. Ich hätte angenommen, es müsse in jedem Fall umgekehrt sein. Aber als «die Schule» sich setzt, fühle ich mich einen Augenblick lang stark. Stärker als sie.

Nachdem Maria alle Menschen und Komplexe aufgestellt hat, finden wir uns in einer interessanten Konstellation. Hinter mir steht weiter Ariane mit ihren kalten Händen auf meinen Schultern. Inzwischen habe ich fast das Gefühl, sie hat sich vollständig an mich drangehängt, so sehr zerrt ihre Kraft mich zurück. Hinter Ariane steht Paula und hat ebenfalls die Hände auf Arianes Schultern gelegt. Paula steht im Wortsinne für Marias Lieblingsmöbelstück, ein altes Sofa, auf dem sie vor ihrer Ankunft in der Klinik den Hauptteil ihres Lebens verbracht, geschlafen, gegessen und gelesen hat. Auch getrunken hat sie auf diesem Sofa, deshalb befindet es sich nun gleich hinter der Sucht, als müsse es diese festhalten und abstützen.

Vor mir steht nun wieder «die Schule» (Ralf hat sich etwas berappelt, sieht aber weiterhin bleich und unwohl aus). Links neben mir hat Maria den Stellvertreter für ihren Lebensgefährten positioniert. Das fällt mir erst auf, als die Ärztin ihn zum ersten Mal direkt anspricht und bittet, sein Gefühl in der Situation zu beschreiben. Ich hatte ihn gar nicht wahrgenommen, und er erreicht mich nicht einmal, als er zu sprechen beginnt. Das sage ich auch, denn ich fühle:

Hier ist keine Verbindung. Eine Beziehung, die nicht lebt. Rechts von mir steht Marias Sohn Johannes. Auch er fühlt sich offenkundig unwohl in seiner Situation und möchte am liebsten fliehen, wie es Karen erklärt, als sie ihre eigenen Gefühle in der Stellvertreterrolle beschreibt.

Da wir nun alle in den von Maria gewünschten Positionen stehen, ergibt sich ein Gesamtbild der aktuellen Beziehungskonstellation, die ihr Leben prägt. Meinem Empfinden nach fühlt sich keiner der Stellvertreter in seiner Position und Rolle wohl. Die Situation ist angespannt, verkrampft und irgendwie auch kalt und aussichtslos. Maria wird von den Ärzten gebeten, zu jedem von uns hinzugehen und ihn zu fragen, wie er sich in der Rolle fühlt. Was die anderen beschreiben, bestätigt mich in meinen Empfindungen. Ich soll nun auch mein Empfinden beschreiben. Ich möchte nach vorne fliehen, hin zum Fenster und zur Wärme und weg von dieser Konstellation aus Sucht und Sofa, die mich festhält und zurückzieht ins Kalte und Dunkle. «Warum gehen Sie dann nicht?», fragt die Ärztin. «Ich kann nicht», antworte ich. «Ich fühle mich festgehalten.» Und ich fühle mich sehr unwohl dabei.

Maria soll prüfen, wie sie selbst die Situation empfindet, in der ich sie in dieser Aufstellung bislang vertreten habe. Ich setze mich kurz, und Maria nimmt meine Position ein, Arianes Hände auf ihren Schultern, die Sucht und das Sofa hinter sich. Als ich das Ganze von meinem Stuhl aus beobachte, falle ich aus meiner bisherigen Empfindung von Kälte, Umklammerung und Unwohlsein heraus. Ich sehe die drei Frauen vor mir, die beiden hinteren die Hände jeweils auf den Schultern der Vorderfrau, und denke an eine Karnevalspolonaise. Plötzlich kommt mir die Situation lächerlich vor. Warum sollte ich mich aus dieser Position, die ich für Maria eingenommen habe, nicht befreien können? Es ist seltsam, aber ich kann es nicht. Als ich wieder den ursprünglichen Platz eingenommen habe, kommt das negative Anfangsgefühl sofort zurück. Ich beschreibe, was mir gerade geschehen ist, und die Ärztin fragt, was mir helfen könne. Ich weiß es nicht.

Hilfesuchend schaue ich Karen an, die Marias Sohn Johannes vertritt und immer noch unschlüssig rechts von mir steht. Ich hätte gerne, dass sie näher zu mir kommt, und sage das auch. «Das möchte ich ja», antwortet sie, «aber viel lieber hätte ich, du kämst näher zu mir, weg von Sucht und Sofa.» – «Ich kann es nicht», sage ich wieder. Pause. Dann sagt Karen leise: «Warum drehst du dich nicht wenigstens einfach um, um der Sucht ins Gesicht zu sehen?» – «Sag das bitte lauter», antworte ich. «Dreh dich um!», schreit Karen mich an.

Ich bin kurz erschrocken und dann so irritiert, dass ich mich tatsächlich umdrehe. Jetzt sehe ich der Sucht direkt ins Gesicht. Was sehe ich da? Die Sucht tut mir leid, sie sieht so unglücklich aus. Sie hat mir wieder die Hände auf die Schultern gelegt, aber die Arme hängen nun schlaff herunter, so als brauche sie Halt, und ihre Hände zittern leicht auf meinen Schultern. Dahinter sehe ich das Sofa, das sich fast hinter der Sucht versteckt. Das liegt zum einen daran, dass Paula kleiner ist als Ariane. Aber sie kann mir auch nicht in die Augen sehen und duckt sich deshalb hinter Ariane weg. Irgendwie ist diese Situation lächerlich. Ich muss tatsächlich lachen und sage: «Das Sofa versteckt sich hinter der Sucht.» Alle anderen fangen auch an zu lachen.

«Was möchte die Sucht?», fragt die Ärztin. «Ich möchte

DIE SUCHT BEDANKT SICH UND GEHT

gehen», sagt die Sucht. «Dann gehen Sie doch», fordert die Ärztin sie auf. «Ich brauche eine Ansage», fordert Ariane. «Geh», sage ich und wundere mich, wie leise meine Stimme ist. «Lauter bitte», sagt Ariane. Ich brülle: «GEH!» Dann sagt die Sucht leise «Danke» und setzt sich auf einen Stuhl am Rand. In dem Augenblick, wo die Sucht weg ist, hält das Sofa es auch nicht mehr aus und flieht an die andere Seite des Raums. Ich bin nun allein. Ich drehe mich zu Sohn Johannes um und gehe einen Schritt auf ihn zu: «Jetzt fühle ich mich besser.» Karen sieht mich an und sagt: «Endlich.»

Die Sucht bedankt sich, dass sie gehen darf. Ist das unzulässige Vereinfachung, die sich aus einer solchen Aufstellung ergeben kann, oder ist das eine banale, aber wichtige Erkenntnis, die auf das Kernproblem der ganzen Beziehungskonstellation hindeutet? Ich habe tagelang über diese Aufstellung und die einzelnen Situationen nachgedacht. Ich bin wirklich beeindruckt. Und ich glaube, Maria ist es auch. Sie hat einen Riesenschritt gemacht mit dieser Aufstellung. Allein zuzugeben, dass sie ein Suchtproblem hat, ist schwer genug gewesen. Jetzt hat sie gelernt, dass sie sich umdrehen muss, dass sie im übertragenen Sinne der Sucht ins Gesicht schauen muss, um erkennen zu können. So stark ist sie nicht, wie es sich bisher angefühlt hat.

Ich habe aus diesem Vormittag eine ähnliche Einsicht mitgenommen. Ich darf nicht immer meine gefühlte Einschätzung einer Situation als gegeben hinnehmen. Ich muss den Mut haben, der Situation, einer Person ins Auge zu sehen, um zu überprüfen, was es damit wirklich auf sich hat. So lerne ich, meine Umwelt besser zu erkennen und zu verstehen. Und ich lerne noch mehr über mich, meine Ängste, meine Zögerlichkeiten, meine Vor- und Fehlurteile. Ich habe nicht einen blinden Fleck. Ich habe – im konkreten Verständnis – sehr viele. Nicht alle werde ich entdecken können. Nicht alle werde ich durch die Integration der Unterscheidungserkenntnis zwischen meinem Innen und Außen auflösen können. Aber wenn es manchmal gelingt, dann macht das schon einen bedeutsamen Unterschied für mein Glück in der Fremd- und Selbstbeobachtung.

Es ist endlich hell geworden draußen. Das Glück kommt in der Beobachtung. Dazu müssen wir sehen können. Und zum Sehen braucht es Licht. Außen und innen.

PFLEGELEICHT

Soeben habe ich einen Knopf verschluckt. Einen kleinen rosa Knopf. Er stammt von meiner Schlafanzughose. Die ist zwar von Calvin Klein, schick und sitzt gut. Aber für gymnastische Übungen am Morgen ist sie nicht so recht geeignet, weil sie keinen Stretchanteil hat. Es muss die «Heldenstellung» aus dem Yogakurs gewesen sein, die meinen Knopf zum Abplatzen gebracht hat. Ich habe ihn auf dem Badezimmerboden gefunden und auf meinen kleinen runden Holztisch gelegt, direkt neben die Teetasse, wo auch die Tabletten liegen, die ich morgens einnehmen muss. Ich habe ihn dorthin gelegt, damit ich nicht vergesse, ihn anzunähen. Wenn ich das nicht gleich heute mache, mache ich es nie mehr. Ich kenne mich. Dann habe ich mich in meinen Lesesessel an dem Tischchen gesetzt und darüber nachgedacht, wie gerne ich jetzt ein bisschen Zeitung lesen würde. Immerhin gibt es einen Tee, und ich trinke ab und zu einen Schluck. Und irgendwann habe ich den Knopf mit dem Tee hinuntergespült in der intuitiven Annahme, es handele sich um eine Tablette.

Vielleicht bewirkt dieser Knopf ja etwas? Vielleicht wird diese Woche ganz anders, meine Glückswoche, weil ich von der ungeahnten Wirkung des Knopfes profitieren kann? Das klappt ja auch bei anderen Menschen. Etwa fünfzig Prozent der Patienten in dieser Klinik schlafen hervorragend mit Traubenzucker, auch besser als ohne. Die Wirkung eines «Medikaments» ist wie vieles andere im Leben oftmals nicht eine objektive Eigenschaft des Stoffes, den ich zu mir nehme, sondern eine Eigenschaft, die ich diesem Stoff wissend oder unwissend zuschreibe. Und weil ich sie zuschreibe, gibt es sie auch. In den großen erkenntnistheoretischen Welterklärungen nennt man das Konstruktivismus. Im kleinen Alltagsleben dieser Klinik heißt es Placebo-Effekt.

Ich denke nun schon mindestens zehn Minuten über diesen Unsinn nach. Irgendetwas stört mich daran, dass ich den Knopf verschluckt habe. Und nach einigen weiteren Minuten weiß ich auch, was es ist. Ich habe überfunktioniert in meinem Medikamenteneinnahmeschema. Jeden Morgen, jeden Mittag, jeden Abend nehme ich brav die Medikamente, die mir in den kleinen Trinkbecherchen und dem Tablettenschuber zurechtgelegt werden. Und wenn in diesen Behältnissen nur Knöpfe wären, würde ich sie wahrscheinlich auch fraglos einnehmen. Ich weiß zum Teil gar nicht, was ich da nehme. Manchmal sind es mehr Tabletten, manchmal weniger. Vielleicht bin ich längst Teil des Placebo-Dauerexperiments, von dem der Chefarzt gerne berichtet, und merke es gar nicht. Ich merke es nicht, weil ich nicht frage. Und warum frage ich nicht? Weil ich das Patientenschema perfekt erlernt und angenommen habe. Als Patient nehme ich Tabletten. Wann und welche, das sagen die Ärzte. Das hört jetzt mal gleich auf. Sobald ich diesen Stubenarrest hinter mich gebracht habe, lasse ich mir jede einzelne Tablette erklären.

So funktioniere ich auch in anderen Bereichen meines Lebens. Ich bin ein verlässlicher Mensch. Ich gebe die Klausurnoten rechtzeitig bekannt. Ich halte Termine ein. Ich gebe selbst dann noch Vorlesungen, wenn ich Fieber und die Grippe habe. Ich bin pflegeleicht.

«Pflegeleicht», das war eine Einstellung an der Waschmaschine, die früher in der Waschküche unseres Mietshauses stand. Es war die meistgenutzte Einstellung. Auch auf den Etiketten meiner Kinderkleidung stand «pflegeleicht». Und weil das dort stand und ich diese Kleidung trug, war ich es auch. Ich war leicht zu pflegen in den menschlichen Grundbedürfnissen wie Essen, Schlafen, Wärme. Und ich war konfliktarm in den Bedürfnissen, die üblicherweise komplizierter in ihrer Beantwortung sind, weil ich die Konflikte, die es gab, im Wesentlichen mit und in mir selbst gelöst habe. Zumindest habe ich mir das vorgemacht. Bis zu einem bestimmten Punkt bin ich mit der Welt in Konfrontation gegangen. Bis ich gemerkt habe, dass ich mein Gegenüber nicht überzeugen kann. Dann habe ich trotzdem gemacht, was ich wollte, aber einfach nicht mehr darüber gesprochen. Das war pflegeleicht. Aber es macht lebensschwer.

Die Konflikte lösen sich so nicht. Sie treiben wie Steinplatten mit harten, zackigen Kanten in meinem Innersten und reiben aneinander. Vierzig Jahre haben sie sich gerieben, dann gab es eine größere tektonische Verschiebung in mir. Und seitdem brechen die verborgenen Energien aus. Es gibt nicht mehr genug Platz für all die fremdbeschriebenen Festplatten in mir, sie nehmen sich gegenseitig den Raum und mir innerlich die Luft zum Atmen. Für meine Umwelt ist das eine schwierige Erfahrung. Nach vierzig Jahren hat sich das Programm geändert, von Pflegeleicht auf Schleudern. Und ich schleudere nicht nur in mir, ich schleudere auch in meine Umwelt hinein. «Ich erkenne dich manchmal nicht wieder», diesen Satz habe ich in den vergangenen Monaten öfter gehört. Ich weiß, dass er demjenigen, der ihn ausspricht, Sorgen und Nöte bereitet. Aber er ist für mich manchmal wie ein Kompliment. Ich möchte in manchem nicht mehr wiedererkannt werden.

Weil ich hier immer so früh wach bin, meist gegen sechs, ohne dass ein Wecker geklingelt hätte, lese ich morgens schon eine Stunde, bevor es zum Frühsport geht. Außer gestern und heute natürlich. Es fällt mir jetzt gerade wieder schmerzlich auf, wie ich das Lesen vermisse, fast spüre ich Entzugserscheinungen. Ich habe zur Vorbereitung eines Doktorandenseminars im kommenden Semester nochmal Paul Watzlawicks «Menschliche Kommunikation» gelesen. Und mir ist, als kennte ich dieses Buch nicht. «Wir sind wie eingesponnen in Kommunikation und sind doch – oder gerade *deshalb* – fast unfähig, *über Kommunikation zu kommunizieren*. Dieser Sachverhalt ist eines der Hauptthemen unseres Buches.»[33] Ach so, das passt ja gut.

Ich lese in diesem Buch die vielen Beispiele für misslingende Kommunikation, unter anderem die langen Auszüge aus Edward Albees berühmtem Theaterstück «Who's Afraid of Virginia Woolf?», und denke ständig: Woher kennen die Autoren mein Problem? Das Buch, das zwei Jahre nach meiner Geburt veröffentlicht worden ist und das ich schon vor Jahren durchgearbeitet habe, kommt mir vor wie eine Neuerscheinung. Eine andere Version des an Heraklit angelehnten Aphorismus: Man kann nicht zweimal in denselben Fluss steigen. Man kann auch nicht zweimal dasselbe Buch lesen, ohne dass es zu einem anderen wird, weil man selbst sich verändert hat. Das ist ein wirklich spannender Prozess, der sich in mir entfaltet. Ich weiß, dass ich im Ausdruck meiner Gefühle manchmal eine Analphabetin bin. Aber ich habe immer gedacht, dass ich als Kommunikationswissenschaftlerin prädestiniert bin zu kommunizieren. Womöglich ist diese Annahme falsch. Ich glaube, sie ist falsch. «Eine Sprache zu beherrschen und etwas *über* diese Sprache zu wissen, sind zwei Wissensformen von sehr verschiedener Art.»[34] Das beginne ich jetzt zu verstehen. Und ich erkenne, wie ich mit ungewöhnlichen Mitteln versuche, Empfindungen und Einschätzungen zum Ausdruck zu bringen.

In Wilhelm Genazinos Buch über «Das Glück in glücksfernen Zeiten»[35] scheitert der promovierte Philosoph Gerhard Warlich an einer Überanpassung, die er bislang zu erfüllen in der Lage war. Als Wäschereiausfahrer leistet er seinen Beitrag als nützliches Mitglied dieser Gesellschaft und verliert sich zusehends in dem Konflikt zwischen geführtem und gewünschtem Leben. Eines Nachmittags – nach Tagen voller frustrierender und unerfüllter Erlebnisse – isst er eine Bockwurst und schiebt sich die dazugehörige Scheibe Brot in seine Anzuginnentasche. Als er später am Tag seine alte Freundin Annette mit ihrem Sohn trifft, begrüßt er sie nicht nur mit Handschlag. «Sekunden später fühlt sie in ihrer Hand eine feste, schon ein wenig trockene Scheibe Brot. Annette ist befremdet, fast erstarrt, senkt den Kopf und sieht, dass *ich* ihr die Brotscheibe in die Hand geschoben habe. Annette will etwas sagen oder fragen, kriegt aber nichts heraus und blickt mich an. […] Ich will erklären, was ich mit der Brotscheibe ausdrücken will, aber auch ich kriege kein Wort heraus. Annette zieht ihre Hand mit dem Brot zurück, schaut das Brot aus der Nähe an, dreht es um und fragt dann: ‹Was ist mit dir?›»

Ich finde mich nicht mehr in dem Menschen, der immer die Erwartungen erfüllt, die in ihn gesetzt werden. Der immer im gesellschaftlich verallgemeinerbaren Sinne verlässlich, erfolgreich und gut ist. Ich fühle das einfach nicht mehr. Wahrscheinlich durchlaufe ich seit einigen Monaten meine eigene kleine emanzipatorische Revolution. Ähnlich der einer ganzen Generation der 68er, die sich vom Muff unter den Talaren, in den Betten, Küchen, Kirchen, Parlamenten und Gerichten der Nachkriegszeit befreien wollten (um dann zum Teil in eine neue, andere Form der Spießigkeit, des universell angepassten Protests links der Mitte, Zuflucht zu nehmen, in der man auch lahm, übersättigt und ideenlos werden kann).

Was ich empfinde, hat der Philosoph George Steiner in einem Interview am Beispiel von Paul Klee wunderbar beschrieben.[36] «Als in Bern eine Kindergartenklasse im Freien ein Aquädukt zeichnen sollte, gab ein Kind den Pfeilern Schuhe. Das Kind hieß Paul Klee, und seither sind alle Aquädukte in Bewegung.» Ich meine hier natürlich nicht den direkten Vergleich, ich meine das, was in diesem Moment geschieht: Ein Kind malt ein Aquädukt mit Schuhen, und von diesem Augenblick an ist die Möglichkeit in der Welt, dass Aquädukte sich bewegen. Es ist die Offenheit für das andere, den neuen Blick, die Kreation in der Wahrnehmung gegen alle Regeln, die mich an dieser kleinen Geschichte so fasziniert.

Ein Mensch braucht solche Erfahrungen, um zu verstehen, dass er die Welt selbst erfinden darf und nicht allein die Welt ihn erfindet. Dass er etwas wagen darf, um Perspektivenwechsel und Veränderung hervorzurufen und nicht nur in ausgetretene Sehkanäle und Pfade gezwungen werden muss.

In der zweiten Klasse der Grundschule mussten wir einmal einen Urwald malen. Ich malte dunkelhäutige Menschen unter Tannen. Was das denn sein solle, fragte mich die Lehrerin, die ansonsten sehr offen für Ideen war und die ich sehr mochte. Ich versuchte zu erklären, dass die Menschen sich vor der starken Sonne (auch im Bild) schützen müssten und Tannen wegen der dicken Nadeln dafür besonders geeignet seien. Im Urwald gebe es keine Tannen, sagte die Lehrerin, das Bild sei schlecht. Ich war sehr enttäuscht. Protestiert habe ich nicht.

«Pflegeleicht» – in diesem Wort steckt all die Anpassung, Regelkonformität, Stromlinienförmigkeit, die Langeweile und Lebensmüdigkeit, die ich seit dem vergangenen Jahr manchmal wie in einem Alptraum vor mir sehe. Was für ein schreckliches Wort für einen grauenhaften Zustand. Ein Mensch, der pflegeleicht ist, repräsentiert nicht sich, sondern die Erwartungen seiner Umwelt, nicht viel Mühe mit ihm zu haben, nicht viel Aufhebens um ihn machen zu müssen. Ich möchte aber, dass man sich Mühe mit mir macht. Und ich bin nicht leicht. Warum sollte ich es sein?

Ich bin ein Mensch, ich lebe, ich denke, ich fühle. Ich möchte nicht das Leben der anderen leben, indem ich es ihnen leichtmache. Ich möchte meines leben. Einfach aus mir heraus und für mich, so wie die Blumen in Herta Müllers Roman «Der Fuchs war immer schon der Jäger». «Eines Tages vor zwei Sommern rief eine Stimme unten laut Adinas Namen. Adina ging ans Fenster. Ilije stand dicht an der Petunienseite des anderen Wohnblocks. Er hob den Kopf und schrie hinauf: für wen blühen die. Und Adina schrie hinunter: für sich.»[37]

Ich lade die anderen Menschen gerne ein, Teil von meinem Leben zu sein, einfach mitzumachen. Aber nach Regeln, Ideen, Wünschen, die wir miteinander aushandeln müssen. «Handwäsche mit Feinwaschmittel», das ist mein Zustand seit geraumer Zeit.

FUNKTIONIEREN UND LEBEN

Ich würde gerne einmal den Fernseher anmachen, nur für einige Minuten, um eine andere Stimme zu hören als die, die in mir ist. Sie wird zuweilen monoton in der Auseinandersetzung mit mir selbst. Ich versuche mich schon selbst in Rede und Gegenrede in Ermangelung eines Gegenübers. Es ist früher Nachmittag, eine Zeit, zu der ich nie fernsehe. Jetzt würde ich es gerne tun, einfach um mich abzulenken.

Als ich am vergangenen Montag in den Frühstücksraum komme, ist an meinem Tisch schon ein lebhaftes Gespräch im Gange – über das Fernsehprogramm des Vorabends. Hier sehen alle fern, es ist eine Abwechslung im monotonen Klinikalltag und für manch einen die einzige. Meine Tischnachbarinnen haben den Tatort «Kassensturz» gesehen. Der Filialleiter eines Discounters ist ermordet worden. Lena Odenthal und Mario Kopper erfahren im Zuge ihrer Ermittlungen, wie es im Discountergeschäft zugeht, wie die Manager die Mitarbeiter schikanieren und terrorisieren. Ich habe den Tatort auch geschaut, ebenso wie die daran anschließende Diskussionsrunde bei «Anne Will», die das Thema noch einmal unter anderem Blickwinkel aufgegriffen hat. Und ich habe zu Ende geschaut, obwohl ich hier eigentlich immer um zehn todmüde bin.

Während ich der lebhaften Diskussion am Frühstückstisch lausche, verstehe ich einmal mehr, warum auch ich drangeblieben bin. Film und Talk sind aus dem Leben gegriffen. Meine Tischnachbarin gegenüber kann dazu lebhafte Geschichten liefern. Sie arbeitet bei der Post am Schalter. In den vergangenen Jahren sind zu ihrer Arbeitsplatzbeschreibung immer neue Aufgaben hinzugekommen. Inzwischen verkauft sie nicht nur Briefmarken, sondern auch Geldanlageprodukte. Dafür wurde sie nie ausgebildet, aber das spielt ja keine Rolle. Kein Wunder, dass es die Finanzkrise gibt, wenn so etwas möglich ist, denke ich als erste Reaktion.

Dann verstehe ich, dass diese Überforderung auch für die Frau mir gegenüber ein echtes Problem darstellt. Sie hat Angst, erzählt uns, wie sie versucht, den Kunden auszuweichen, wenn sie ahnt, dass ein solches Verkaufsgespräch ansteht. Beschreibt, wie oft rasende Kopf- und Nervenschmerzen sie überfallen, wenn sie einen «Kundenkontakt» hinter sich gebracht hat, bei dem sie für sich selbst erkennbar überfordert war. Wenn es nicht schnell genug geht am Schalter, wirft der Vorgesetzte mit Kugelschreibern nach den Mitarbeitern. Einer hat sie einmal am Kopf getroffen. Da war nicht mehr klar, woher die Kopfschmerzen kamen, vom Stress der Überforderung oder durch das Wurfgeschoss.

Meine Tischnachbarin zur Rechten ist Erzieherin in einem kleinen Ort in Baden-Württemberg. Ihr Chef ist auch ihr Nachbar (der als Einziger sein Haus unabhängig von den sonst für alle anderen Anwohner der Siedlung geltenden Bauvorschriften hochziehen durfte) und dazu noch Bürgermeister. Sie ist seit einigen Wochen krankgeschrieben, darf nicht arbeiten. Gelegentlich besucht sie eine Freundin in der

Nachbarschaft, um sich eine Stunde abzulenken, auch Rat zu holen. Als die beiden einmal im Garten sitzen, kommt der Chef, Nachbar und Bürgermeister vorbei. «Ach so, verstehe», sagt er nur. Wenige Tage später hat sie eine Abmahnung im Briefkasten. Als Simulantin oder einfach nur als faul versucht der Absender der Abmahnung sie seitdem in dem kleinen Dorf zu denunzieren. Sie weiß eigentlich längst, dass sie nicht an ihren Arbeitsplatz zurückkehren wird.

Es ist ein Unterschied, ob ich solche Geschichten im Tatort sehe, ob ich sie in der Zeitung lese oder jemand sie mir als Teil des eigenen Lebens und Leidens erzählt. Diese Menschen hier kenne ich nun seit einigen Wochen. Ich maße mir nicht an, alles bewerten, sie in jeder Hinsicht verstehen oder durchschauen zu können. Aber ich glaube beurteilen zu können, dass es ihnen nicht gutgeht, dass sie ernsthaft krank sind, manche physisch, manche auch psychisch. Und ich kann ganz sicher sagen, dass ihnen Ungerechtigkeiten widerfahren, die einfach nicht in Ordnung sind.

Diese Menschen, die versuchen, sich hier zu erholen und wieder gesund zu werden, repräsentieren eine Gesellschaft, ein Arbeitsleben, das an manchen Stellen degeneriert. Und sie sind keine Einzelfälle, wie ein Blick in die Zeitungen belegt. Seit Monaten berichten die Medien fast täglich über einen neuen Fall. Im März 2008 sind die illegalen Videoüberwachungen und Bespitzelungen von Mitarbeitern beim Discounter Lidl aufgeflogen. Minutiös wurde in umfänglichen Protokollen notiert, wann, wie oft und wie lange Mitarbeiter auf die Toilette gingen. Wenn jemand die Ansprüche des Managements nicht hundertprozentig erfüllte, wurde er in den rechtswidrigen Aufzeichnungen als introvertiert oder gleich als unfähig beschrieben.[38] Ein Jahr hat Lidl gebraucht, um die Fehler zuzugeben und einen Lernprozess zu beginnen.[39] Für die Betroffenen ist das eine lange Zeit.

Am 1. Juni 2008 macht der «Spiegel» sein Heft mit einem Titel über die Deutsche Telekom auf, die als «Der unheimliche Staatskonzern» bezeichnet wird, und wirft dem Unternehmen Big-Brother-Methoden vor. Die Telekom soll auf Anweisung von höchster Managementebene Journalisten und die eigenen Aufsichtsräte ausspioniert haben, um so herauszufinden, wo Informationslecks zu finden sind und wie vertrauliche Informationen aus dem Unternehmen in die Medien gelangen.

Und während ich hier in der Klinik bin, kann ich jeden Tag über neue Wendungen im Spitzelskandal bei der Deutschen Bahn lesen. Das Unternehmen hat mit Hilfe einer IT-Firma und einer Kölner Detektei in großem Umfang Mitarbeiter überwachen lassen. Vorgestern habe ich irgendwo gelesen, es handele sich um 220 000 Angestellte – unfassbar. Angeblich wegen Korruptionsverdachts wurden Daten recherchiert, sogar E-Mails gelesen. Als sich der Rechercheur Günter Wallraff des Falls annimmt und mit Betroffenen bei der Bahn spricht, stößt er auf irre Geschichten. So berichtet eine Datenverarbeitungsexpertin, wie jemand extern auf ihren Dienstcomputer zugriff. «Ich hatte die Chance, den Eindringling auf meinem Rechner beim Löschen eines Dokuments zu beobachten. (...) Wir haben beide um die Bedienung der Maus gekämpft. Der Eindringling hat gesiegt und das Dokument gelöscht.»[40] Orwell am Arbeitsplatz.

Irgendetwas stimmt nicht, wenn Unternehmen Misstrauen zum Kern ihrer «Unternehmenskultur» erheben. Wenn die Grundunterstellung nicht mehr auf unschuldig, sondern auf schuldig, nicht mehr auf produktiv, sondern auf unproduktiv, nicht mehr auf lebender Mensch, sondern auf funktionierende Maschine lautet und in den Abläufen und Zielsetzungen der Organisation entsprechend programmiert ist. Dann arbeitet der Mensch in dieser Organisation nicht mehr für das Leben, sondern er lebt für die Arbeit und die mit ihr verbundenen Ziele. Dann werden alle individuellen Bedürfnisse dem Funktionieren der Organisation untergeordnet. Und dann erschüttert ein Problem der Arbeitswelt nicht mehr allein die Berufsrolle des Menschen als Teil seines Ichs, sondern es erschüttert den ganzen Menschen, den Menschen an sich.

Es vermag daher auch nicht zu verwundern, dass die Loyalität der Menschen zu ihrem beruflichen Umfeld, zu Firma, Vorgesetzten und Arbeitsplatz, inzwischen zur Ausnahmeerscheinung geworden ist. Nach einer Studie des «Center for Work-Life-Policy» ist der Anteil von Arbeitnehmern, die Loyalität ihrem Unternehmen gegenüber empfinden, zwischen 2007 und 2008 von 95 auf 39 Prozent zusammengeschrumpft. Der Anteil derer, die noch bereit waren, ihrem Arbeitgeber das Vertrauen auszusprechen, fiel von 79 auf 22 Prozent.[41] Das sind Zahlen, die einen Kommentar überflüssig machen.

Es gibt eine Reihe von Hinweisen auf einen schleichenden Veränderungsprozess in der Arbeitswelt. Er findet auch jenseits der aktuellen Skandale im Umgang mit Mitarbeitern statt und geht über die Erfahrungen hinaus, welche ich hier in den persönlichen Gesprächen mit Menschen machen kann, die sich nur noch als Teil eines Räderwerks empfinden, in dem sie funktionieren müssen und austauschbar sind, wenn sie nicht mehr funktionieren. «Der Beruf macht den Menschen. Das ist seine Identität.» Diese beiden Sätze formuliert das Wirtschaftsmagazin «brand eins» in einem Essay über Identität.[42] Ohne Fragezeichen.

Wenn das stimmt, dann leben wir in einer Welt, in der die Einäugigen besser zurechtkommen als diejenigen, die außer dem Ich und der Arbeit auch noch eine dritte Lebensdimension sehen und diese sinnlich und räumlich einordnen können: das soziale Beziehungsnetzwerk, das die Menschen (zusammen)hält, im privaten wie im beruflichen Leben. Dann haben wir eine Arbeitswelt, in der die eindimensionalen Denker auf der Linie zwischen Ich und Erfolg schnurstracks geradeaus laufen können, ohne sich von Einflüssen rechts und links der Zielgeraden ablenken zu lassen. Eine Welt, in der ich bislang gut zurechtgekommen bin.

In solch einer Welt ist der Mensch die Schnittstelle zwischen Problem und Problemlösung. Das ist die menschliche Funktion: seine Aufgabe zu erfüllen. Kann er das in mehrfacher Hinsicht, ist er multifunktional. Bespielt er dabei mehrere Lösungswege, ist er multifunktional und multitaskingfähig. Sein Tun hat keinen Zweck, denn das setzte ein aktives Handeln und einen dafür vorhandenen Beweggrund voraus. In dieser Welt monodimensionaler menschlicher Berufsidentität (Jobidentität wäre der bessere Begriff, denn in «Beruf» schwingt immer die «Berufung» mit) wird der Arbeitende zum Gebrauchsgegenstand, der in seiner Leistungsfähigkeit durch eine Organisation zum Problemlösen benutzt wird. Sinkt die Leistungsfähigkeit, ist er nicht mehr zu gebrauchen.

Die härteste Ausdrucksform dieser Mischung aus Überforderung und mangelndem Respekt der eigenen Person gegenüber zeigt sich zum Beispiel in Frankreich. Bei der Französischen Telekom haben sich innerhalb von achtzehn

Monaten 24 Menschen das Leben genommen. Die vom Konzernchef ausgegebene Parole «Schnelligkeit, Reaktionsfähigkeit und Kontrolle»[43] empfinden viele Mitarbeiterinnen und Mitarbeiter als «Terrormanagement», die mit immer weiteren Einsparungsmaßnahmen verbundenen Entlassungen von Mitarbeitern als «Menschenjagd». Je mehr Personal ein Manager einspart, desto besser wird er bezahlt. Der Zynismus, der sich in dieser Führungs-«Philosophie» offenbart, hat Konsequenzen, die das Management nun zum Umsteuern veranlasst haben. Es wird dauern, bis eine solche kulturelle Umsteuerung zu Ergebnissen führt. Bis dahin gilt: Wer sich dem nicht mehr gewachsen fühlt, wer das alles nicht mehr aushalten kann, steigt aus. Als letzte Möglichkeit aus dem Fenster im zwanzigsten Stock.

Der Freitod des deutschen Fußballnationaltorwarts Robert Enke hat eine öffentliche Debatte angestoßen, die sich zum ersten Mal in der Form mit den Auswüchsen dieser funktionalen Leistungsgesellschaft auseinandersetzt. Dabei werden neue und wichtige Antworten gesucht: «Die Frage ist, wie viele Fluchttüren die moderne Leistungsgesellschaft im Karriere-Tunnel eingebaut hat oder vielleicht (...) bereit ist, nachträglich einzubauen. Wie viel Versagen sie zulässt. Wie viele Pausen sie gestattet. Wie viel Freiheit sie den Gedanken einräumt, auch den düsteren.»[44] Den ganzheitlichen Blick zuzulassen, das Denken, Fühlen, Zweifeln, das zum Menschen gehört, all das ist in dieser Leistungsgesellschaft größtenteils verschüttet worden. In ihr wird nur der Teil des Menschen geschätzt und wahrgenommen, der direkt in das dauerhafte und ungebrochene Funktionsprinzip einzahlt: das Nützliche.

Es sind oft nicht einmal nur die Außenanforderungen,

die einem Menschen die Selbstinterpretation des immer funktionierenden Leistungsträgers aufzwingen. Wir sind in diesem Feld auch autosuggestionsfähig. Ich fange das hier langsam an zu verstehen, auch weil ich in Gesprächen immer wieder mit diesem Thema konfrontiert werde, zum Beispiel mit Sophia, einer IT-Managerin. Sie hat lange in einem großen Konzern in leitender Position gearbeitet und sich dann selbständig gemacht. Alles immer mit großem Erfolg. Jetzt sitzt sie manchmal abends in einem der altrosafarbenen Sessel vor mir und tastet sich im Gespräch in ihre Vergangenheit vor, zurück zu den Anfängen und Ursachen ihrer Krankheit. «Hier oben, das war mein Betriebssystem», sagt sie und tippt sich mit der rechten Hand an den Kopf, «und der Rest ist Hardware.» Mit «Rest» meint sie ihren Körper.

Der «Rest» ist jetzt zum Hauptteil geworden, denn er funktioniert nicht mehr. Angefangen hat alles vor mehr als zwei Jahren mit einer Borreliose, der Folge eines Zeckenstichs. Dann hatte sie dauernd die Grippe, über Monate im Verlauf eines Jahres. Schließlich folgten mehrere Bandscheibenvorfälle, und die Zähne begannen ihr auszufallen. Heute weiß Sophia, dass es keine getrennten Systeme des Menschen gibt, dass die «Software» nicht immer alles steuern kann und die «Hardware» nicht immer funktioniert und die übermittelten Kommandos ausführt. Und sie hat auch gelernt, dass man kaputte «Hardware» nicht einfach ersetzen kann wie beim Computer. Wenn sie darüber spricht, kann ich beobachten, wie ihr die Tränen kommen, wie sie sie unterdrückt und ignoriert. Aber sie hat verstanden. Ich glaube, ich kann es in ihren Augen sehen, in dem zurückgefallenen Blick, ihrer Melancholie über das verlorene «Alles geht».

FUNKTIONIEREN UND LEBEN

Vielleicht ist es in solch einer Welt auch keine überraschende Nachricht mehr, dass immer mehr Menschen zu chemischen Hilfsmitteln greifen, um ihre Funktions- und Leistungsfähigkeit zu gewährleisten. 800 000 Deutsche nehmen regelmäßig Medikamente zur Leistungssteigerung, berichtet der «Gesundheitsreport» 2009, rund zwei Millionen haben sich schon mal an Aufputschmitteln, Stimmungsaufhellern oder Beruhigungsmitteln versucht, um mit den Anforderungen und dem Stress im Job zurechtzukommen.[45]

Man kann das Medikamentenmissbrauch nennen oder Doping, wie im Sport. Man kann auch von «Enhancement» sprechen, von Steigerung, Verbesserung oder Verstärkung, wie das Englischlexikon den Begriff übersetzt. Das klingt besser. Das klingt eher passend für eine Welt, die auch in Worten funktionieren muss. In der Verluste als «negative Gewinne» und Mitarbeiter als «Humankapital» bezeichnet werden. Da wird doch nicht gedopt, da werden die vorhandenen Eigenschaften und Leistungsfähigkeiten sanft medizinisch unterstützt und herausgearbeitet.

Man könnte jetzt einwenden, dass zwei Millionen Deutsche gerade einmal *fünf* Prozent aller Arbeitnehmer sind. Vernachlässigenswert. Man könnte aber auch zur Kenntnis nehmen, dass im «Gesundheitsreport 2009» jeder fünfte Befragte die Einnahme von leistungssteigernden Medikamenten für vertretbar hält. Das sind *zwanzig* Prozent, ein Fünftel der Gesellschaft. Man könnte darüber nachdenken, dass es laut Studie vor allem Menschen mit hoher Belastung, einem unsicheren Arbeitsplatz oder starker Konkurrenz im Job sind, die sich mit Pillen wegbeamen.[46] Also die ganz unten und die ganz oben in der Arbeitshierarchie. Und man könnte sich in Erinnerung rufen, dass das Webmagazin «Techcrunch» im

Sommer 2008 «Provigil» ausrief als «entrepreneur's drug of choice».[47] Ein verschreibungspflichtiges Medikament, das in der Therapie von Narkolepsie und schweren Schlafstörungen eingesetzt wird, avanciert zur Modedroge der immer einsatzbereiten, immer leistungsfähigen und immer erfolgreichen Macher aus dem Silicon Valley.

Wenn ich hier so auf meinem schmalen Fensterbrett sitze und über diese Dinge nachdenke, werde ich fast ein bisschen wütend. Nicht auf die Welt, die so funktioniert, wie ich es beschreibe. Ich bin wütend auf mich selbst, weil ich in dieser Welt auch immer so funktioniert habe, wie es gewünscht war. Wahrscheinlich habe ich es selbst gewollt, um dazuzugehören. Mit solchen Anpassungsleistungen versetzen wir uns mehr oder minder freiwillig zurück in die Zeiten des Taylorismus. Der sieht heute anders aus, kommt weniger laut und schmutzig daher. Aber ich könnte durchaus argumentieren, dass mich manches, was wir derzeit als Ursache der Finanzkrise zu erkennen beginnen, an das 19. Jahrhundert erinnert.

Da gab es die «disassembly lines» der Schlachthöfe Chicagos, die damals als Vorbild für die perfekte Form der Produktivitätssteigerung dienten. Diese beruhte darauf, dass Arbeitsabläufe vollständig zerlegt und in ihren Einzelschritten immer weiter optimiert wurden. Henry Ford hat diesen Prozess für die Automobilherstellung in der Fließbandproduktion umgesetzt, viele weitere Branchen haben ähnliche Rationalisierungsschritte vollzogen, um ihre Produktivität zu steigern. Die Ausläufer der industriellen Revolution brachen sich damals in allen Bereichen der Wirtschaft ihre Bahn. Und sie beriefen sich allesamt auf das «Scientific Management» Frederick W. Taylors, der Fabriken als Maschinen entwarf und die Arbeiter in diesen Fabriken als Maschinenteile konzeptualisierte.[48]

Wenn Menschen als Teil eines nichtmenschlichen Apparates entworfen werden, gehen sie als Individuen in der Struktur auf. Das hat in der Regel Vorteile für diejenigen, die mit dieser Gesamtstruktur arbeiten und Geld verdienen wollen. Und es hat auch Vorteile, wenn wir die Organisationen und ihre Strukturen theoretisch betrachten und analysieren wollen. Denn die Organisationen, also zum Beispiel ein Unternehmen, eine Universität oder eine Investmentbank, sollen auch überleben können, wenn die Menschen wechseln, die in ihnen als Fabrikarbeiter, Professoren und Händler arbeiten. Es hat also theoretisch und praktisch Sinn, wenn wir nicht die einzelnen ganzen Menschen, sondern Personen und ihre Handlungen in der Organisation entkoppelt betrachten. Einer der Vordenker der Organisationstheorie, Chester I. Barnard, hat Organisationen daher als «System von bewusst koordinierten Verhaltensweisen oder Kräften von zwei oder mehr Personen» beschrieben. Er sieht also «nicht Personen, sondern Dienstleistungen, Handlungen, Handeln oder Einflüsse als eine Organisation konstituierend» an.[49]

Barnard nimmt mit dieser Sichtweise zum ersten Mal eine Position ein, die in der Folge auch in weitere theoretische Überlegungen eingeflossen ist, vor allem in die Systemtheorie. Mit ihr habe ich mich seit Beginn meines Studiums immer gerne beschäftigt, manchmal wie mit einer logischen Denksportaufgabe. Systemisches Denken ist komplex und abstrakt, aber sehr aufschlussreich und spannend in der Interpretation moderner Gesellschaften.

Der Mensch als Ganzes ist in diesem Theoriegebäude nicht mehr Bezugssystem. Denn wäre er es, müssten wir ihn in all seinen Dimensionen fassen und zu erklären versuchen und dabei wegen Überkomplexität an der theoretischen Modellbildung scheitern. Also seziert man im systemischen Denken den Menschen in drei Bestandteile: den Organismus, die Psyche und das soziale System. Die drei gehören durchaus zusammen, sind aber einander unzugänglich. Ein Gedanke, der zum Beispiel nicht ausgesprochen und verstanden wird, also nicht Bestandteil der Kommunikation und damit des sozialen Systems wird, existiert nicht.[50] Um in der Alltagspraxis einer Organisation aber diese Dreiteilung wieder handhabbar zusammenzuführen, brauchen wir dann ein Hilfskonstrukt: das ist die Person. Sie ist nicht «der ganze Mensch» oder «die ganze Persönlichkeit», sie ist eine operative Fiktion. «Personen entstehen (…) durch Teilnahme von Menschen an Kommunikation. (…) Sie leben nicht, sie denken nicht, sie sind Konstruktionen der Kommunikation für Zwecke der Kommunikation.»[51]

Diese Sichtweise bringt allerdings auch Probleme mit sich. Wenn der Mensch als Ganzes, als Person und Individuum sich in diesen Strukturen auflöst, also als Einheit aus der Organisation ausgeschlossen wird, bekommt er gelegentlich ein Identitätsproblem. Er ist dann nur mehr die Summe seiner Einzelteile und -funktionen, die alle nur auf einen speziellen Zweck hin ihre Bedeutung erlangen. Karl Marx hat das schon in seiner Kritik an «entfremdeter Arbeit» beschrieben. Viele andere Kritiker haben sich ihm aus unterschiedlichen Perspektiven angeschlossen. Doch die Entkoppelung von Person und Handlung hat sich durchgesetzt. Heute finden wir uns in einer Situation wieder, die sich am besten mit «Entfremdung 2.0» beschreiben lässt. Wir erleben die bislang weitestgehende Individualisierung und Flexibilisierung des Einzelnen durch technologische Entwicklungen und die Multioptionsgesellschaft bei gleichzeitiger maximal möglicher Außensteuerung durch umfassende, kontinuierliche Anforderungen und Zwänge. Eine Freiheitsillusion.

Die Maschinerie der globalen Finanzmärkte hat diese Betrachtung unter anderen Vorzeichen besonders sichtbar werden lassen. Sie hat den Menschen, den einzelnen Anleger und Investor, als strukturiertes Humankapital begriffen. Sein Risiko durfte zerfleddert und in beliebiger Konstellation neu zusammengesetzt werden, um in einem strukturierten Produkt aus Aktien, Obligationen, Optionen, Futures und anderen Derivaten auf den Handelsplätzen dieser Welt über den «Ladentisch» gereicht zu werden. Wie Medizinmänner der Neuzeit haben die Händler die Zutaten aus unterschiedlichen individuellen und segmentären Risiken gemischt, um daraus Finanzanabolika herzustellen.

Konrad Hummler von der Schweizer Privatbank Wegelin hat dieses Vorgehen mit einer «gigantischen Wurstproduktion» verglichen.[52] Während es früher noch um reale Bestandteile ging (das Filet oder die Haxe, den Kredit oder die Hypothek), werden heute die Einzelteile vom Körper gelöst und «zerhackt, vermengt, gewürzt und verpackt». Womit wir den «disassembly lines» der Chicagoer Schlachthöfe wieder ziemlich nahe gekommen wären. Mit einem Unterschied: Diesmal geht es um menschliche Lebensrisiken.

INNENEINSICHTEN

Jetzt habe ich mal ein bisschen aufgeräumt. All die ausgerissenen Zeitungsartikel sind sortiert, die zu einem Thema passen, zu dem ich irgendwann etwas schreiben will. Die Rezepte und Klinikunterlagen sind geordnet und die Briefe, die ich hier bislang bekommen habe, auch. Nicht dass das nötig gewesen wäre. Aber es hat mir etwas Zeit vertrieben, bevor es schon wieder dunkel wird. Zeit, von der ich hier gerade zu viel habe.

Bei diesem kleinen Aufräumanfall habe ich auch die Kopie eines zehnseitigen Fragebogens gefunden, den ich bei meiner Ankunft hier ausgehändigt bekam. «Irgendwann» sollte ich ihn «in Ruhe ausfüllen». Ich erledige das gleich am ersten Abend. Was weg ist, ist weg. Viele Fragen auf den ersten Seiten sind leicht zu beantworten, am einfachsten die nach Daten und Fakten. Im weiteren Verlauf wird der Fragebogen komplexer, und ich werde angespannter. Familiäre Beziehungen, Selbst- und Fremdeinschätzungen, Fragen zur Partnerschaft gehen mir nach einer kurzen Weile ziemlich auf die Nerven. Ich schreibe etwas hinein in all die Zeilen, die sich leer vor meinen Augen stapeln, Hauptsache, da steht etwas.

In ordentlicher Manier erfülle ich die mir aufgetragene

Pflicht, ohne mich allzu sehr mit der Bedeutung der Fragestellung oder meiner Antworten zu beschäftigen. Psychokram eben. Mag ich nicht. An eine Aufzählung von Begriffen zur Selbstbeschreibung mache ich ein dickes Fragezeichen. So kann man doch keinen Fragebogen machen, so gibt es nur sozial erwünschte Antworten und selbstreferentielle Verzerrungen. Ich muss ja selbst ständig berufsbedingt Fragebögen entwickeln und kenne mich daher in empirischer Sozialforschung und ihren Methoden aus. So geht's ja nun wirklich nicht. Eigentlich behandele ich den Fragebogen wie eine vermasselte Klausur. Setzen, sechs!

Die letzten zwei Seiten sind voll von Satzanfängen, die ich vollenden soll. Jetzt bin ich endgültig genervt, und die Aggression wächst. Ich streiche etwa jeden zweiten Satz durch, wenn er mir unsinnig erscheint. Es gibt mehr unsinnige als sinnvolle Satzanfänge. Manche vervollständige ich intuitiv renitent. «Ich bin ein Mensch, der ...» «denkt», schreibe ich. «Mein ganzes Leben lang ...» «schon», ergänze ich an der nächsten Satzbaustelle. Jetzt habe ich das Gefühl eines kleinen Triumphs. Ich lasse mich doch von den blöden Satzanfängen nicht aufs Glatteis führen.

Der Fragebogen bleibt rudimentär ausgefüllt. Ich lasse ihn liegen, werde ihn nicht mal am nächsten Tag los. Er liegt wie ein Mahnmal der inneren Verweigerung in meinem Zimmer. Nach einigen Tagen nehme ich die Blätter wieder zur Hand und lese nach, was ich geschrieben habe. Ich habe etwas sehr Wahres geschrieben. Ich bin ein Mensch, der denkt. Das kann ich gut. Und das war tatsächlich immer schon so. Ich denke einfach alles weg, was mich berührt oder innerlich aus dem Gleichgewicht bringen könnte. Ich erdenke mir einen intellektuellen Schutzwall gegen die Angriffe der emotionalen Truppenverbände von Feinden und Freunden da draußen im Leben, gegen ein trojanisches Pferd, das jemand in mein Innerstes schieben könnte, um dann das im Pferd versteckte Heer an Gefühlen freizulassen, die sich ohne weitere Hindernisse an mein Herz und meine Seele heranmachen und sie besetzen könnten.

Der Fragebogen liegt sehr lange auf dem schmalen langgezogenen Tisch am Fenster, auf dem ich auch heute schon wieder stundenlang gesessen habe, um ins Nichts zu starren oder Spaziergänger zu beobachten. Nach vielen Tagen nehme ich ihn nochmal zur Hand und fülle dann doch tatsächlich die noch blanken Stellen aus. Sogar die offenen angefangenen Sätze vervollständige ich. Ich habe jetzt vor dem Fragebogen kapituliert. Aber diese Niederlage fühlt sich an wie ein erster Sieg über bislang unbezwungene Schutzwälle.

Es bleibt nicht beim Fragebogen. Die Zeit hier ist eine tägliche langsame Reise von einem kleinen Sieg zum nächsten. Zum ersten Mal in meinem Leben mache ich Yoga. Darauf habe ich mich von Beginn an gefreut, als ich gelesen habe, dass die Klinik dies und auch Meditation anbietet. Um sieben Uhr morgens finde ich mich mit etwa zehn weiteren Patienten in einem der Sporträume ein, die Turndecke unter den Arm geklemmt und neugierig auf das, was da kommen mag.

Schwester Elisabeth, die die Yogagruppe anleitet, zündet eine Kerze an, die zunächst nicht entflammen will, weil das Feuerzeug nicht funktioniert. So banale Dinge geschehen selbst dann, wenn man auf die große innere Vertiefung wartet und vorbereitet ist. Irgendwann brennt die Kerze dank eines Streichholzes, und die Schwester stellt sie zurück auf die kleine Decke neben die Vase mit den Kirschblütenzweigen. Einige Blüten sind bereits aufgegangen, andere noch geschlossen.

Schwester Elisabeth kommt unüberhörbar aus Schwaben. Die ersten Instruktionen führen zu Gekicher in der Gruppe: «Mer müsse säh, dasch mer Kontakt zum Bode hänt.» Die Füße schulterbreit, locker in den Knien, den Boden spürend, so als wollten wir Wurzeln schlagen. Sie hat einen mitreißenden, aber auch praktischen Ansatz und offenbar viel Erfahrung, die sie in 45 Minuten packen muss. Das ist nicht ganz leicht, zumal wenn es um die innere Versenkung und energetische Aufladung geht. Als es gegen Ende knapp wird, fordert sie uns auf, «jetzt noch g'schwind in die Ruhe zu kommen». Geschwind in die Ruhe, das hätte von mir sein können.

Nach einigen Sätzen hat sich der Überraschungs- und Belustigungseffekt des Schwäbischen verloren, und es entsteht konzentrierte Stille im Raum. Wir finden uns ein. Die Arme strecken, dann fallen lassen und zwischen den Beinen vor und zurück schwingen lassen, das mehrmals, so oft, bis wir uns richtig eingeschwungen haben. Zwischendurch knackt es in meinem unteren Rücken, dann in der linken Schulter und schließlich im rechten Knie. Ich mache regelmäßig Sport, aber zwischen sportlichem Training und bewegungsorientierter Entspannung gibt es eben Unterschiede. Es folgen einige Yogabilder, die «Heldenstellung» und die «Sphinx», und es stellt sich innere Ruhe ein in Verbindung mit dem angenehmen Gefühl sich langsam erwärmender Muskelpartien, davon manche, von denen ich nicht gewusst hatte, dass sie jeden Morgen mit mir aufstehen.

Es geht aber nicht allein um die Muskeln, die wir dehnen und spüren sollen, um den Tag besser zu überstehen. Es geht vielmehr um unsere Einstellung zu den Dingen, die an diesem Tag auf uns warten, zum Leben und zu uns selbst. Schwester Elisabeth hat eine wunderbare Art, schwäbische Lebensweisheit mit den Einsichten des Yoga zu verbinden. Wenn es draußen stürmt, lässt sie uns unsere Füße fest auf den Boden stellen, um unsere Wurzeln zu spüren. Wenn wieder einmal alle noch etwas müde und lebensunfroh scheinen, muntert sie uns zu mehr Selbstbewusstsein auf: «Wenn i denk, i bin a blöde Kuh, isch jede meiner Zelle auf blöde Kuh programmiert.» Meine Mattennachbarin und ich müssen lachen. Der Satz bleibt in meinem Kopf. Ab heute achte ich darauf, mich nicht mehr auf «blöde Kuh» zu programmieren.

Wir bilden mit unseren Händen über dem Kopf eine Blüte, die sich langsam öffnet und dann wieder schließt. In unseren Händen führen wir die Wärme und Energie dieser Blüte zu unserem Herzen. Als ich mich dann mit den anderen setzen darf, fühle ich mich sehr entspannt und leicht. Die Blüte bleibt bei mir, auch in Lotussitzstellung, und ich schließe die Augen. Wir sollen nun eine Blumenwiese vor unserem inneren Auge entstehen lassen. In Sekundenbruchteilen taucht ein Bild vor mir auf, das einen braunen Acker zeigt. Inmitten dieses Ackers eine einzige Blume – eine wunderschöne hellrote Mohnblume.

Ich freue mich über dieses Bild, auch wenn der Begriff «Blumenwiese» dafür vielleicht etwas zu hoch gegriffen ist, darum geht es gar nicht. Es ist meine Wiese, und sie ist gut so. «Jetzt pflücken wir die schönste Blume auf unserer Blumenwiese», lautet die nächste Instruktion von Schwester Elisabeth, «und schenken sie unserem liebsten Menschen.» In diesem Moment erfasst mich ein Anflug von Panik. Wenn ich die schönste Blume auf meiner Wiese pflücke, ist keine Blume mehr da. Es gibt ja nur die eine. Dann wird die Blumenwiese zu einem hässlichen braunen Acker. Warum ist mir nur dieses Bild gekommen? Ich hätte doch jede Chance auf eine Wiese mit mehr Blumen gehabt. Und der nächste Schritt ist auch nicht einfach. Wem schenke ich diese Blume? Ich habe das Gefühl, ich bräuchte mehr als eine Blume. Wenn es mehr davon auf meiner inneren Wiese gäbe, könnte ich auf den Trick verfallen, heimlich noch ein paar zu pflücken und ebenfalls weiterzuverschenken. Niemand in diesem Raum würde das mitbekommen, nicht einmal Schwester Elisabeth. Dann täte ich das, was ich in meinem Leben gelegentlich mache: nicht entscheiden, sondern alles ein bisschen tun.

Heute habe ich Glück. Die Schwester fordert uns nun auf, diese schönste Blume ein weiteres Mal zu verschenken, diesmal an unseren Nachbarn zur Rechten. Rechts von mir sitzt nur eine Person, das kann also klappen. Ich verschenke meine schöne Mohnblume an meine Nachbarin zur Rechten. Die Situation hat mir die Entscheidung abgenommen. Lebensnahes Yoga.

Es läuft nicht immer so gut. Manchmal muss ich kämpfen, um an ein inneres Ziel zu kommen, manchmal auch um auf dem Weg dahin festzustellen, dass schon das Ziel an sich falsch ist. In einem Sportraum sitzen oder liegen Menschen auf roten Wolldecken, zum Teil auch in sie eingerollt, um der Kälte zu trotzen, die von unten durch die Holzplanken nach oben in die liegenden Körper zieht. Unter den Sport- und Therapieräumen befinden sich die Garagen, und die Wände und Böden sind dünn. Selbst wenn die Heizungen alle voll aufgedreht sind, werden die Räume einfach nicht richtig warm. Bei Übungen, die in körperlicher Hinsicht vor allem durch längeres Herumliegen gekennzeichnet sind, ist das schwierig. Wenn die Hände vor Kälte starr werden, schweifen meine Gedanken zum Beispiel bei der Meditationsübung zwangsläufig irgendwann ab und wandern in die kalten Gliedmaßen.

Ich bin mir nicht ganz sicher, aber ich vermute gelegentlich, dass für diese Situation auch vorbeugend die Meditationstexte ausgesucht werden. So zum Beispiel bei der «Regenbogenlicht-Meditation», die häufiger zum Einsatz kommt. Nach einer kurzen Einstimmungsphase trägt die Übungsleiterin die entscheidende Stelle vor: «In der Mitte unserer Brust auf Herzenshöhe entsteht jetzt ein kleines Regenbogenlicht. Es dehnt sich in unserem Körper immer weiter aus.» Beim ersten Versuch dieser Meditation (und gleichzeitig der ersten Meditation meines Lebens überhaupt) habe ich erhebliche Konzentrationsschwierigkeiten.

Als das Regenbogenlicht ins Spiel kommt, muss ich an Raumschiff Enterprise denken und den Beamstrahl, der Captain Kirk verschwinden lässt. Der Gedanke ist nicht mal für den Bruchteil einer Sekunde in meinem Kopf, zu kurz, um sich dort festzusetzen, aber er tut es. Ich werde das Bild nicht mehr los. Captain Kirk in seinem gelben, hautanliegenden Shirt und der schwarzen, ebenso engen Hose. Und dann kommt das Licht. Von Regenbogen keine Spur, aber es ist ein Lichtstrahl, und das hat offenbar als Assoziation gereicht, um sich in meinem Kopf und vor meinem inneren Auge festzufressen. Jetzt habe ich auch längst verpasst, wie der Meditationstext weiterging. Für heute kann ich diese Übung vergessen.

Wenn ich nicht abgelenkt bin durch seltsame assoziative

innere Bilder, ist mir bei diesen Übungen kalt. Ich habe stets eine dicke Kapuzenjacke, einen Schal oder auch eine Decke zur Hand, aber es bleibt kalt. Vor allem meine Füße tauen gar nicht mehr auf. Als ich darüber, vor Übungsbeginn auf der roten Decke sitzend, nachdenke, fällt mir das Schuhspiel wieder ein und etwas Seltsames auf. Die Frau, der ich in dem Spiel meinen linken Schuh gegeben habe, trägt nie Strümpfe. Manchmal läuft sie sogar barfuß herum, zum Beispiel bei den Tanzübungen. In dem Moment wird mir klar, dass auch dies ein Teil meiner Abneigung ist. Sie kann ohne Strümpfe leben. Und sie trägt vermutlich deshalb keine, weil sie auch ohne Strümpfe warme Füße hat. Weil mir immer kalt ist, könnte ich das nie. Ich fühle mich in einer relativen Position der Schwäche. Tatsächlich glaube ich, dass an diesem Gedanken etwas dran ist. Formulieren würde ich ihn so nie. Eine Antipathie wegen Strumpflosigkeit. Das klingt wie ein besonders abwegiges und seltenes Krankheitsbild.

In dem Raum, in dem auch heute wieder unsere Meditationsübung stattfindet, ist es objektiv kalt. Das sagen auch die anderen. Es liegt also diesmal nicht an mir. Wir machen wieder die Regenbogenlicht-Meditation. Die kenne ich ja nun schon und weiß, dass ich mir ein anderes Licht vorstellen muss, um ja nicht wieder in den Sog von Raumschiff Enterprise zu geraten. Ich konzentriere mich also von Beginn an auf eine innere Kerzenflamme. Irgendwie ist mein Regenbogenlicht bläulich und sieht eher aus wie ein Bunsenbrenner. Das sagt mir zwar keiner, und es steht auch nicht so im Text. Aber in mir sieht es eben so aus. «Es dehnt sich in unserem Körper immer weiter aus. Es strahlt nach unten in unseren Bauch ... unser Becken ... unsere Füße ...» Gott sei Dank.

Jetzt, wo das Licht endlich in meinen Füßen angekommen ist, bekommt diese Meditation einen ganz neuen Sinn.

Ich bin wirklich auf dieses Licht und seine Verbreitung konzentriert. Und – ich kann es selbst kaum glauben – meine Füße werden wärmer. Ich liebe dieses Licht. Und ich möchte es gerne behalten, in mir halten, mit ins Bett nehmen, denn da ist mir auch immer kalt, weil die Decke so dünn ist. Aber das Licht «strahlt aus unserem Körper in alle Richtungen hinaus und verbreitet sich im ganzen Raum ... im ganzen Haus ... in der ganzen Stadt ... im ganzen Land ... auf der ganzen Erde ... auf der ganzen Welt und in allen Welten. Dadurch lösen sich sämtliche Leiden aller Wesen auf, und die Welt ist grenzenloses Glück.»

Meine Füße sind warm. Damit ist ein Leiden schon mal zeitweilig gelöst, und das ist fast schon grenzenloses Glück. Und solange das der Fall ist, gebe ich dieses Licht gerne an die Welt weiter. Nach dieser Meditationsübung bin ich ganz entspannt und froh. Ich nehme mir zum Abschluss den Text mit. Nach dem Textabschnitt, mit dem wir das Licht in die Welt geschickt haben, steht eine kleine Regieanweisung auf dem Blatt: «Pause und genießen ☺».

Ich muss auch genießen üben, mich auf die Dinge einzulassen und sie nicht schon mal vorderhand absurd zu finden. Zum Beispiel das Grüßen der Himmelsrichtungen. Ich habe die «Meditation der vier Himmelsrichtungen» noch nie gemacht und bin sehr gespannt, auch ein bisschen widerständig. Die Übungsleiterin nimmt sich viel Zeit, den Ablauf zu erklären. Wir grüßen zunächst den Norden. Der liegt faktisch im Südwesten und musste da jetzt einfach hinbeordert werden, weil an dieser Seite des Raums das einzige Fenster ist. Dazu schreiten wir mit dem rechten Bein nach vorne aus, strecken gleichzeitig den rechten Arm und die rechte Hand nach vorne und atmen dabei mit einem deutlich hörbaren Zischlaut aus.

Jetzt grüßen wir den Osten, gleiche Prozedur, nur mit dem linken Bein ausschreiten und linken Arm plus linke Hand strecken. Nach rechts geht's dann in den Westen. Der Süden (der eigentlich der Nordosten ist) stellt nochmal eine besondere Herausforderung dar. Wir drehen uns erst 180 Grad nach rechts mit Bein, Arm und zischendem Atem um die eigene Achse, kehren dann zurück zur Ausgangsposition und machen danach die gleiche Bewegung und Drehung nach links. Das geht schnell und erfordert Beweglichkeit. Als die Übungsleiterin erläutert, dass wir die vier Grüße in der letzten Übungssequenz im Schnelldurchgang hintereinander vollziehen, fangen einige an zu stöhnen.

Mir ist alles klar. Ich habe zugehört und aufgepasst und verstanden, wie das Ganze ablaufen soll. Wir könnten einfach beginnen. Alle sind auch schon innerlich ruhig und konzentrieren sich auf die nun beginnenden Bewegungsabläufe, da meldet sich eine Teilnehmerin. Sie versteht nicht, warum wir gen Norden mit dem rechten Arm beginnen, aber dann im Osten weitermachen, wofür wir ja den linken Arm brauchen. Das ist gegen die gewohnten Bewegungsabläufe, die eine allemal komplizierte Übung doch leichter machen. Stille. Allgemeine Verwirrung. Ich versuche zu verstehen, was die Frau will. Ich komme nicht darauf. Die Übungsleiterin hingegen versteht. Sie steht ja mit dem Gesicht zu uns, sieht und vollzieht also alles spiegelbildlich. Deshalb war sie auch schon verwirrt, wollte immer gen Westen grüßen, der ja aus unserer Blickrichtung im Osten liegt. Jetzt habe ich den Faden verloren. Und wenn es noch ein bisschen so weitergeht, habe ich auch vergessen, was wir ursprünglich eingeübt haben.

Der neue Vorschlag lautet: Wir grüßen den Süden alias Norden mit rechts und links und gehen dann auf den Westen über, der für unsere Übungsleiterin der Osten ist, weil wir dann wieder mit dem rechten Arm weitermachen können (die Übungsleitern bleibt bei links, weil sie ja immer noch spiegelverkehrt agiert). An dieser Stelle sind alle Klarheiten beseitigt, Unruhe kommt auf. Ich überlege nochmal und finde das alles total unlogisch. «Wenn wir mit rechts und links den Norden gegrüßt haben», hebe ich an, «dann sind wir doch allemal beim linken Arm und könnten gleich mit dem Osten weitermachen.» Mein Versuch einer klärenden Intervention bleibt ungehört. Irgendwie dringe ich nicht durch.

Nun läuft die Übung also umgekehrt. Das muss jeder erst mal begreifen, und deshalb proben wir den ganzen Durchlauf nochmal, nicht ohne dass immer wieder ganze Teilnehmergruppen durcheinandergeraten, weil ihre Vordermänner und -frauen auch gerade wieder den Überblick über die Himmelsrichtungsfolge verloren haben. Inzwischen ist die Hälfte der Übungszeit rum, und ich habe noch nicht mal mit dem Grüßen begonnen.

Als wir endlich anfangen, merke ich nach kurzer Zeit, dass ich vorsichtig sein muss. Das etwas gepresste Ausatmen mit Zischlaut bringt mich jedes Mal an den Rand der Hyperventilation. Ich verlangsame etwas und konzentriere mich. Es fällt schwer. Fünfzig Menschen, die zischend nach vorne hechten, sind ein merkwürdiger Anblick. Richtig spannend wird es beim Gruß an den vermeintlichen Süden. Rechtsrum, linksrum, rechtsrum, linksrum. Irgendwann sehe ich meine Umwelt nicht mehr klar, alles verschwimmt. Die Gesichter der Grüßkollegen hinter mir schnellen mir bei jeder Drehung im Geiste entgegen. Einige Teilnehmer liegen bereits am Boden und versuchen, den Schwindel in den Griff zu bekommen. Ich bin wie im Wahn. Als wir schließlich auf unseren Matten liegen, merke ich: Ich habe ab einem Zeitpunkt kurz nach Beginn der Übung an nichts mehr gedacht. Ich habe mich einfach auf die anfänglich so seltsam erscheinende Übung konzentriert. Mein Kopf war leer. Wie selten das einmal möglich ist.

Gleiches soll mir bei der Hypno-Therapie gelingen: die üblichen Gedanken verbannen und sich auf eine Phantasiereise einlassen. Wir dürfen zwischen zwei Szenarien wählen. Die meisten Teilnehmer wollen nicht in den Dschungel, sondern ans Meer. Ich auch. Ich habe in meinem Patientenfragebogen lange über der Frage gebrütet, was mir ein wohliges Gefühl macht, um dann zu schreiben: «Nackte Füße in warmem Sand.» Darauf könnte ich mich ja konzentrieren, wenn wir jetzt gemeinsam ans Meer fahren.

Die Übungsleiterin beginnt, unsere Reise zu beschreiben, und erzählt von einem Strand, einer stillen Bucht, in der nur das Meeresrauschen zu hören ist. Wir haben Zeit, uns auf die Situation einzulassen. Dann fordert sie uns auf, uns auf den Horizont zu konzentrieren, die Weite zu spüren und uns hineinfallen zu lassen. In diesem Moment entsteht in mir eine Irritation. Bei mir geht es hinterm Horizont weiter, ganz wie in dem Song von Udo Lindenberg, der mir prompt einfällt und ab sofort als musikalische Dauerschleife durch mein Gehirn strömt.

Ich sehe nicht den typischen Meereshorizont, ich sehe Berge. Offenbar bin ich nicht ans Meer gefahren, sondern an einen der Schweizer Seen. Am Lago Maggiore sieht es so aus, am Lago di Lugano auch. Eine wunderschöne Landschaft, aber eben kein Meer. Wie komme ich jetzt von den Bergen zurück ans Meer? Ich versuche, mich zu konzentrieren und die Berge aus meiner Vorstellung zu verbannen. Es gelingt nicht. Ich wäre jetzt aber lieber am Meer als an einem See. Das muss doch zu machen sein. Ich probiere also in meiner Phantasie einige Tricks aus, um die Berge endgültig loszuwerden. Einer funktioniert. Die Vorstellung ist vollständig lebensfremd, aber das darf ja in der Phantasie so sein. Ich rolle die Berge, die sich vor mir auftürmen, über meinen Kopf nach hinten ab und lasse sie hinter mich fallen. Danach sind sie tatsächlich weg.

Mein Horizontproblem ist indes noch immer nicht gelöst. Ich sehe ihn jetzt, den typischen weichen Strich, der das Meer für uns Beobachter vom Himmel trennt als optische Markierung der Erdkrümmung, die durch unser Auge an dieser Stelle nicht mehr zu erreichen ist. Aber ich bekomme kein ganzes Bild. Dieser Horizont sieht aus, als würde ich ihn beobachten, während mein Kopf in einem Karton steckt. Er ist begrenzt durch braungraue Pappwände zu beiden Seiten sowie nach oben und unten. Was soll das denn? Jetzt bin ich endlich die Berge los, da taucht dieser Karton auf. Ich konzentriere mich mit aller Kraft auf die Weite, aber der Karton bleibt. Dadurch sehe ich sehr scharf, so wie man glaubt, den Ausschnitt der Welt klarer zu erkennen, den man durch ein kleines Loch in einem Taschentuch fixiert. Aber von Weite keine Spur.

Irgendwann wechsele ich aus Verzweiflung die Beobachterposition, um meine Vorstellungskraft ein wenig aufzulockern, und betrachte vom Meer aus den Strand. Siehe da, das klappt problemlos. Ich sehe den Sandstrand, die Dünen dahinter mit einigen trockenen Büschen vor blauem Himmel, alles weit und grenzenlos. Die Rückkehr auf die Ursprungsposition bringt den Karton zurück. Wenn ich aufs Meer blicke, bin ich eingemauert. Wenn ich vom Meer auf den Strand schaue, öffnet sich mein innerer Blick. Und dann sehe ich mich selbst. Ich treibe auf dem Wasser, ganz leicht werde ich mit den Wellen hin und her geschaukelt. Bei dieser Vorstellung geht es mir richtig gut. Ich möchte so bleiben und koppele mich deshalb vom Fortgang der Hypno-Therapie ab. Vielleicht bin ich aber auch mittendrin, und das, was gerade mit mir passiert, soll und darf genau so sein.

«Bewerten Sie Ihre Meditation nicht», hat die Übungsleiterin am Ende der Regenbogenlicht-Meditation zu uns gesagt. Der Satz ist mir geblieben. Ich bewerte also nicht, ich treibe einfach auf dem Wasser und bin ganz bei mir. Als die Übungsleiterin die Therapiestunde langsam zum Ende führt und uns alle wieder in den Raum zurückholt, schicke ich mir selbst eine größere Welle. Sie spült mich sanft, aber mit Kraft an den Strand, sodass ich im Sand ausrolle wie ein kleiner Kieselstein. Ich sehe mich nicht noch einmal um, um aufs Meer zurückzuschauen. Ich möchte gar nicht wissen, ob der Karton noch da ist.

WER IST MEIN FREUND?

Kliniken wie diese sind auch voll von Menschen, die durch die Finanzkrise geschädigt sind. Die finanziellen Schäden sind das eine, die Vertrauensbrüche und die Verzweiflung über das eigene Versagen im umfassenden Versagen eines bislang als gültig betrachteten Weltbilds sind das andere.

In einem Essay für das US-amerikanische Magazin «Atlantic Monthly» beschreibt der Journalist Jeffrey Goldberg seine persönliche Anlageleidensgeschichte und wie er versucht, neue Berater und die richtigen Empfehlungen zu bekommen, was nun zu tun sei. Seine Odyssee durch die Finanzwelt lehrt Goldberg, dass es keinen «richtigen» Rat mehr gibt, nur eine Ansammlung von widersprüchlichen Hinweisen, gepaart mit der Flucht davor, Verantwortung für irgendeine Information zu übernehmen. Und er lernt, dass er immer schon alleine war. Dass sein Vertrauen falsch investiert war, ja dass es kein Vertrauen hätte geben dürfen. Eine «Autopsie» seiner Annahmen durch Robert Soros, dem Sohn von George Soros, führt zu folgendem Dialog:[53]

«You think a brokerage should be a place you got to pay commissions for fair and unbiased advice, right?»

«Yes», I said.

«It's not. It never has been.» Dann zitiert Robert Soros Warren Buffet:

«‹Wall Street is a place where whatever can be sold will be sold.› You are the consumer of their dreck. What they can sell to you, they will sell to you.»

«But they told us ...»

«They lied.»

Er fährt fort: «You should be disheartened and disappointed. But don't kid yourself. You're a naive capitalist. They were never your advisers. Do not for a moment think a brokerage firm is your friend.»

«So who's my friend?»

«You don't have one. This is the market.»[54]

Wir haben die Finanzkrise nicht gebraucht, um zu verstehen, wie wichtig und fragil Vertrauen in unserer Gesellschaft ist. Wie es nicht nur den Einzelnen am Leben hält, sondern auch eine Gesellschaft, die ohne Vertrauen in ihrem Innersten aufraut und deren Verbindungsstränge zwischen den Menschen, der Politik und der Wirtschaft dann gekappt werden. Wir haben sie vielleicht gebraucht, um endlich zu verstehen, dass diese Welt im Wesentlichen ein globaler Markt ist, auf dem alles gehandelt wird – Geld, Güter, Macht, Menschen, Liebe. Auf dieser Welt ist man nicht nur ein «naive capitalist», wenn man glaubt, es gäbe das grundsätzlich Gute in der Weltfinanz, den ethischen Handel um seiner selbst willen. Man ist auch ein «naive humanitarian», wenn man glaubt, es gäbe in dieser Welt dauerhaft und unbestritten irgendetwas um seiner selbst willen.

Wenn wir von Vertrauen sprechen, dann «investieren» wir es in etwas oder jemanden. Und wir erwarten, dass dieses Investment sich irgendwann auszahlt – mit Zinsen bitte.

Wir investieren in die Erziehung unserer Kinder, in unsere Ausbildung, in eine neue Wohnung oder ein Haus, in den Partner, in eine Beziehung oder Liebe. Wir reduzieren damit die Transaktionskosten. Ich vertraue dir, und du vertraust mir, und so müssen wir uns nicht ständig, beginnend am Nullpunkt, über alles verständigen, vergewissern oder die «terms of trade, love and living» neu aushandeln. Das spart Zeit, Geld, Emotionen.

Natürlich gibt es das Gute und die Guten, Menschen, die sich moralisch verhalten. Sie leisten einen individuellen und wesentlichen Beitrag zu einer Ethik, die unsere Gesellschaft auf ein Fundament stellt, das nicht alles trägt und das sich tatsächlich noch erschüttern lässt. Es gibt auch eine echte Vorstellung von Vertrauen, die über eine materielle und immaterielle Investition hinausgeht, um irgendwann zurückgezahlt zu werden und sich auszuzahlen. Das ist das Vertrauen «jenseits einer grundlegenden Störung oder Zerstörung der Praxis oder des Sprachspiels der Verantwortung»[55], wie es uns die Finanz- und Wirtschaftskrise vor Augen geführt hat. Der Philosoph Dieter Thomä hat vorgeschlagen, für Menschen, die ein solches Vertrauen verdienen, eine Suchmeldung in Umlauf zu bringen: «Gesucht sind Individuen, die Haltung zeigen und Haftung übernehmen, die nachhaltig handeln und sich, wenn sie gefragt werden, vor keiner Antwort drücken.»[56] Nicht vor der Antwort an andere und nicht vor der Antwort gegenüber sich selbst.

Auch eine Klinik ist ein Markt, in dem Vertrauen ge- und verhandelt wird und man zunächst keine Freunde hat. Manchmal hat man am Ende des Aufenthalts immer noch keine. Dann nämlich, wenn man so wenig Vertrauen zu sich selbst hat, dass die Vorstellung, andere Menschen könnten an einer Kontaktaufnahme interessiert sein, eine Unvorstellung ist.

Sarah ist eine hübsche junge Frau. Ein schönes Gesicht, dunkle Haare und Augen, schlank ist sie und sportlich. Ich schätze sie auf Anfang zwanzig. Wir laufen zwei Wochen aneinander vorbei, ohne zu sprechen. Eines Morgens sitze ich am runden Tisch im Kaminzimmer mit einer Tasse Tee und einem Buch. Ich habe noch eine halbe Stunde Zeit, dann muss ich zur Massage. Ein bisschen hier in anonymer Gesellschaft sitzen und lesen, das ist jetzt das Richtige für mich. Sarah tritt an den Tisch. «Darf ich mich zu dir setzen?» – «Natürlich, bitte», sage ich und spüre im gleichen Moment einen kurzen Widerwillen gegen die unerwartete Geselligkeit. Er ist da, dieser Widerwille als Grundhaltung – auch wenn ich die Menschen sympathisch finde, geht er nie ganz weg. Sarah setzt sich mit ihrer Teetasse und schweigt. Ich frage mich, ob ich nun weiterlesen oder ein Gespräch beginnen soll. Was will sie wohl? Ich lasse das Buch geöffnet vor mir liegen, senke aber nicht den Kopf, sondern betrachte eingehend die Luft über unserem Tisch.

Es vergehen Minuten, anstrengende Minuten, dann fragt Sarah: «Seit wann bist du hier?» Ein Gespräch entspinnt sich, langsam, vorsichtig, ein Gespräch, das immer zurückgenommen und beendet werden kann. Ich erzähle ein bisschen von mir, dann erzählt Sarah. Sie hat ein Busunglück überlebt, bei dem acht Jugendliche getötet worden sind. Sie hat noch immer mit Schmerzen zu kämpfen. Ihre Eltern haben sich getrennt. Sie ist 28 Jahre alt. Sie ist magersüchtig. Ich beginne die Art zu mögen, wie Sarah erzählt. Langsam, ruhig und klar. Als ich mich verabschiede, um zur Massage zu gehen, weiß ich, dass dies nicht unsere letzte Unterhaltung gewesen sein wird. Aber ich bin ebenso wenig sicher, wie weit wir unser Gespräch werden fortsetzen können. Sarah ist vorsichtig. Sie wirkt, als brauchte ein Freund Tage, um sich ihr wieder anzunähern, ein Fremder Jahre.

Ich treffe sie wenige Tage später wieder, an einem Freitagnachmittag, der nach meinem Terminplan die einzige Übung vorsieht, die von Beginn an Widerwillen in mir ausgelöst hat. «Körperwahrnehmung». Es gibt viele Varianten, in denen ich meinen Körper wahrnehmen kann und die ich mir durchaus angenehm vorstelle oder längst als angenehm kennengelernt habe. Aber ich habe absolut keine Lust, wildfremden Menschen den Nacken zu massieren oder was immer dort geschehen soll. Die Übung steht auf meinem Plan, und da ich ein verlässlicher Mensch bin, bleibe ich nicht grundlos fern. Ich suche mir einen Grund. Den finde ich im Hochseilgarten, einige hundert Meter von der Klinik entfernt. In einer Gruppe von sieben klettern wir, doppelt angeseilt nach den Vorgaben traditioneller Bergsicherung, auf ein etwa zwanzig Meter hohes Gerüst aus Balken, Plattformen und Seilen, auf dem wir die nächsten Stunden verbringen werden.

Während uns der Übungsleiter in der Vorbereitung mit den Haken und Seilen vertraut macht und zeigt, wie man unbedingt immer mit mindestens einem Karabiner gesichert bleibt, lächle ich Sarah zu. Sie lächelt zurück. Ich setze auf sie, als wir aufgefordert werden, uns in Zweiergruppen zusammenzutun, aber wir werden der Körpergröße nach zusammengestellt. So lande ich bei Bernward, einem langen, schlaksigen Mann meines Alters, der mir schon leicht auf die Nerven geht, weil er ständig da auftaucht, wo ich auch gerade bin. Als er mich einmal am Wochenende nachmittags auf dem Zimmer anruft und weckt, weil er mit mir «mal einen Kaffee trinken» will, reagiere ich so unwirsch, dass ich sicher bin: Das war es jetzt.

Nicht für diesen Freitag. Bernward hakt sich an mir fest, auch ohne Seil und Karabiner. Als wir uns in der ersten Kletterübung auf die Plattform hinaufbewegen, merke ich, die Sache wird anstrengend. Bernward ist unsportlich und hängt im Wortsinne so in den Seilen, dass niemand anderes das Gleichgewicht behalten kann, wenn er gerade in Aktion ist. Als wir auf der Plattform angekommen sind, kreischt er immer wieder hysterisch, weil die ganze Konstruktion gelegentlich ins Wanken gerät. Ich entscheide schnell und rigoros. So wird das nichts. Ich habe verstanden, wie das mit den Seilen und Karabinern funktioniert, ich gehe auf eigene Faust weiter durch den Hochseilgarten. Nicht ein einziges Mal kommt mir in den Sinn, dass die Konstruktion nicht stabil sein, das Seil nicht halten oder ein Karabiner nicht einrasten könnte. Ich habe volles Vertrauen in alle Materialien und das, was ich hier vorfinde. Vielleicht bin ich auch nur leichtsinnig, aber es fühlt sich nicht danach an.

Etwas anders entwickelt sich mein Empfinden, als ich nach den ersten beiden eher leichten Seilquerungen an eine schwierigere gekommen bin. Zwei Seile laufen vertikal über Kreuz. Ich muss auf dem einen beginnen, mich in Richtung der einige Meter entfernten Zielplattform zu bewegen, mich dabei an zwei Handführungsseilen festhaltend, um dann mitten auf der Strecke und in der Luft von dem einen auf das andere Seil umzusteigen. Klingt alles logisch, also kann es losgehen. Doch das ist nun wirklich schwieriger als gedacht. Durch mein Körpergewicht wird das Seil, auf dem ich laufe, nach unten gedrückt und spannt sich. Das andere

Seil entfernt sich dadurch deutlich von der Reichweite meiner Fußtritte, die ich zudem in schwindelnder Höhe und ohne wirklichen Halt setzen muss.

Als ich die Seilkreuzung erreicht habe, merke ich: So wird es nicht gehen. Aber wie? Nach einigen Minuten vergeblichen Hangelns frage ich mich zum ersten Mal, wie lange meine Arme, an denen derzeit fast mein ganzes Gewicht – wiederum in zwei Seilen – hängt, das wohl noch mitmachen werden. Ich habe in den vergangenen Monaten weniger Sport gemacht und bin insgesamt schwächer als früher. Das merke ich jetzt sehr deutlich. Nach einigen weiteren Minuten ergreift mich die Panik. Ich hänge hier und schaffe es nicht, mich aus eigener Kraft aus dieser verfangenen Situation zu befreien. Ein schreckliches Gefühl. Und ich kann mich selbst dabei beobachten, wie ich das Vertrauen in meine Körperkräfte und Geschicklichkeit verliere.

Entweder ich mache jetzt bald eine rettende Drehung, um von dem einen auf das andere Seil zu kommen, oder diese Querung endet in einer entwürdigenden Rettungsaktion durch den Übungsleiter. Diese Vorstellung, im Wortsinne in den Seilen zu hängen, zwar gesichert, aber nicht mehr in der Lage, mich aus eigener Kraft zu befreien, finde ich so schrecklich, dass mein Körper eine gute Portion aus Wagemut und Kraftreserve mobilisiert.

Ich stütze mich mit aller Energie, die mir noch geblieben ist, mit den Armen auf nur noch ein Handführungsseil und bringe mich so in eine Position, die meinen Körper nahezu horizontal zum Boden leicht hin und her schwingen lässt. Dann hangele ich mit meinem linken Fuß nach dem Seil, auf das ich endlich raufwill, um es zu mir zu ziehen und mit einer schnellen Fußdrehung meinen Fuß auf das Seil zu setzen. Wenn ich jetzt nicht aufpasse, mache ich einen ungewollten Seitenspagat, und dann ist es wirklich vorbei. Doch in dem Moment, in dem ich das Seil mit dem linken Fuß belaste, spannt es sich und kommt näher an mich heran. Jetzt kann ich, wieder mit einigem Schwung und Mut, auch den rechten Fuß umsetzen. Geschafft!

Ich stehe mit beiden Füßen auf dem zweiten Seil, auf dem ich nun langsam, zitternd und mich mit beiden Armen an den Handseilen vorschiebend auf die Plattform zuschwanke. Dort angekommen, verankere ich meine Karabiner beide in den Metallösen an der Plattformstrebe und mache dann die Augen zu. Das Blut rast durch meinen Kopf. Meine Arme schmerzen und zittern, die Beine auch. Das war knapp. Aber ich habe es geschafft. Das Adrenalin kommt. Angst wandelt sich in Freude.

Ich habe nie zuvor über eine solche Übung nachgedacht. Als Kind bin ich vom Zehnmeterturm gesprungen, mit Gipsbein auf Garagendächer geklettert und habe mich in der Schulpause im Müllcontainer versteckt. (Daher stammt ein kleiner Aufsatz in meinem Heft der zweiten Klasse mit dem Titel «Warum ich in der Pause nicht im Müllcontainer sitzen soll». Meine Begründungen von damals lassen zu wünschen übrig.) Ich habe in der dritten Klasse mit Freunden aus der Schule zahlreiche Mutproben durchlaufen. Die aufregendste spielte auf der A 59 in Düsseldorf. Ein Freund hatte die Idee, wir sollten über die Autobahn laufen und am Mittelstreifen haltmachen. Wenn ein Lkw käme, müssten wir uns dort hinlegen, damit der Fahrer uns nicht fotografieren und verpetzen kann. Ich habe das alles aufgeregt, aber ohne zu zögern mitgemacht. Ich habe einfach immer vertraut, dass die anderen mir Gutes wollen.

WER IST MEIN FREUND?

Auf dem Seil ging es nicht um die anderen, es ging um mich. Und plötzlich hatte ich tatsächlich physisch das Gefühl, ich kann mich nicht auf mich verlassen. Das Vertrauen darauf, dass mir alles gelingt, wurde durchgerüttelt so wie ich selbst auf den schwingenden Seilen. Es wäre für mich schlimm gewesen, hätte ich von dort, in der Luft hängen geblieben, abgeseilt werden müssen. Ich bin noch immer froh, dass das nicht notwendig war.

Anderen geht es ähnlich. Während einer kurzen Rast auf einer weiteren Plattform (ich bin trotz des Schrecks der sich kreuzenden Seile nach einer Erholungspause weitergeklettert) beobachte ich Sarah. Auch sie hat sich inzwischen von ihrer anfänglichen Begleiterin emanzipiert und pflügt alleine durch den Hochseilgarten. So hat sie sich zur obersten Plattform vorgehangelt, die in zwei Teile geteilt ist. Ein etwa ein Meter zwanzig breites Loch tut sich zwischen den beiden auf, über das man – natürlich angeseilt – springen muss. Auch diese Übung ist weitaus schwieriger, als ich es in der Beobachtung vom Boden aus angenommen habe. Der ganze Körper wehrt sich gegen den Sprung über das Nichts, obwohl der Verstand doch weiß, dass nichts geschehen kann, weil die Seile einen notfalls halten. Ich habe mehrere Anläufe gebraucht, dann hat es geklappt. Nicht als Vergnügen, aber als Überwindung eigener Grenzen.

Sarah versucht es auch. Sie steht auf dem rechten Teil der Plattform und nähert sich immer wieder dem Rand, das Sicherungsseil fest in der rechten Hand. Ich befinde mich auf einer anderen Plattform, eine Etage tiefer und einige Meter versetzt, und beobachte sie von dort. Sie geht wieder einen Schritt zurück, nimmt Anlauf und stoppt in der Beschleunigung. Sie tritt ganz an den Rand der Plattform und probiert, ob sie den Abgrund auch mit einem großen Schritt überwinden könnte. Aber der Abstand ist zu groß. Sie müsste dazu ausholend ansetzen, und dann müsste sie ihn tun, ohne die Übung tatsächlich noch abbrechen zu können. Sie lässt es. Irgendwann setzt sie sich an den Rand der Plattform, versucht dann die Füße auszustrecken und die andere Seite zu erreichen, wieder vergeblich. Mir wird kalt. Es ist nur knapp über null Grad. Ich muss weiterklettern, um warm zu werden.

Nach einer weiteren Viertelstunde bin ich wieder auf einer Plattform angekommen und sehe mich nach Sarah um. Jetzt hängt sie mit dem Oberkörper auf der linken Plattform, und ihre Beine baumeln in der Luft. Wie hat sie das gemacht? Sie muss sich mit ihrem Körper nach vorne auf die andere Seite geworfen und dort abgefangen haben. Unglaublich. «Und jetzt?», rufe ich ihr zu. «Weiß nicht», krächzt sie zurück. «Ich bin drüben, aber nur halb, ich komm nicht rauf.»

Wie lange ist Sarah schon dort oben in dem Versuch, den Abgrund zu überwinden, den sie erkennbar nicht zu überspringen wagt? Mindestens eine halbe Stunde. Ihr muss kalt sein, ihre Muskeln müssen müde werden. Aber sie krallt sich fest an den Rand der Plattform und will nicht aufgeben. Ich kann sie gut verstehen. Nach etwas mehr als zehn weiteren Minuten hat sie es geschafft, sich auf die Plattform zu ziehen, und liegt stöhnend auf den Holzplanken. Wir anderen klatschen und jubeln ihr zu.

Am frühen Abend treffe ich Sarah in der Sauna. Wir sind beide vollständig durchgefroren und versuchen, in der wohligen Wärme aufzutauen. Wir liegen stumm, außer uns ist niemand dort. «Wie viel wiegst du?», fragt Sarah mich plötzlich. «58 Kilo», antworte ich. Soll ich etwas erklären, hinzufügen? Soll ich ihr die gleiche Frage stellen? Hat sie mich dazu eingeladen? Ich taste mich vorsichtig vor, und es beginnt wieder ein Gespräch. Sie finde sich nicht schön, sagt Sarah, ihren Körper nicht anziehend. Ich halte zaghaft dagegen, möchte sie positiv bestätigen.

Dieser Gegensatz ist für mich als Außenbetrachter schwer zu verstehen. Sie ist eine junge, schöne Frau. Man sieht es nicht wirklich, dass sie magersüchtig ist, sie wirkt sehr schlank und sportlich. Eigentlich so, wie viele es sich vermutlich wünschen würden. «Ich habe einfach kein Vertrauen zu mir. Ich denke immer, dass ich an vielem schuld bin, was geschehen ist, mit mir, meinen Eltern. Ich weiß nicht, warum mich jemand mögen soll. Dafür gibt es keinen Grund.» Mir fallen viele Gründe ein, warum jemand Sarah mögen könnte. Ich mag sie. Ich sage ihr das. Sie sieht mich ungläubig an, fast entgeistert.

Ich würde ihr gerne mehr Unterstützung geben, aber ich fürchte, jedes weitere Wort klingt in ihrer Wahrnehmung wie ein Widerspruch zum Gesagten. Ihr Grundzweifel an sich selbst lässt sie auch an aller Bestätigung zweifeln, die sie von anderen bekommt. Sie glaubt nicht an sich und deshalb auch an niemanden anderes. Sie hat kein Vertrauen in sich und also auch in keinen anderen Menschen.

«Bis später», sagt sie, als sie die Sauna verlässt. «Vielleicht sehen wir uns beim Abendessen», antworte ich. «Hmmm», macht Sarah und schaut mich an. «Essen ist Überleben», sage ich flapsig. «Essen ist nicht Überleben», antwortet Sarah, «Überleben ist Überleben.»

TEXTUREN

Kein Buch, keine Musik, keine Zeitung, kein Handy, kein Laptop. Ich kann mich nicht erinnern, dass zwei Tage in meinem Leben jemals so lange gedauert hätten. Es sind 48 Stunden. Und diese 48 Stunden sind relativ in der Empfindung, ob sie sich wie Tage, Wochen oder ein halbes Leben anfühlen. Diese fühlen sich wie ein halbes Leben an. Mein halbes Leben ist fast vorbei. Ich fühle mich älter.

Schreiben darf ich, das ist das Einzige, was der Chefarzt mir erlaubt hat. Also schreibe ich. Wie manisch produziere ich den Text aus mir heraus auf das Papier. Das ist eigentlich mühsam, weil ich eine so schreckliche Handschrift habe, aber in der Not geht auch die unter normalen Umständen mühselige Tätigkeit leicht von der Hand. Ich bin nicht ganz sicher, ob der Chefarzt an diese Form des Schreibens gedacht hat, die Seite um Seite hervorbringt, mich zuweilen fast in einen Zustand der Trance versetzt und mich damit vielleicht auch wieder vor mir selbst fliehen lässt. Aber ich schreibe über das, worüber ich auch nachdenke, was ich erspüren soll. Über mich und meine Art, das Leben zu begreifen. Eigentlich schreibe ich einen Brief an mich und mein Leben. Ich versuche, die Verbindung zwischen uns beiden wiederherzustellen, wieder enger zu knüpfen. Genau das ist es, was mit einem schönen Brief gelingen kann. Meist verknüpft er zwei Menschen. Jetzt verknüpft er einen Menschen mit sich selbst.

Ein Brief ist wie eine Kette aus Worten, die zwei Menschen verbindet. Manchmal legt der eine sie dem anderen sanft um den Hals, manchmal wie Fesseln um die Hände. Manchmal tastet sich die Bedeutung dieser Worte langsam an der Kette entlang und dringt Glied für Glied vor zum Adressaten, der entschlüsseln, nachfragen muss, nicht versteht oder verstehen will. Manchmal erschlägt einen diese Kette, weil ihre Bedeutung am Ende einem Morgenstern gleich den anderen trifft mit aller Härte, sich verhakend in seinem Leben und Lieben, in seinem Kopf und Herz. Ein Morgenstern, der nicht aufgeht über den Schreibenden, sondern das untergehen lässt, was der Brief doch an Verbindung aufrechterhalten sollte.

An all dies denke ich, wenn ich den Briefwechsel[57] zwischen Paul Celan und Ingeborg Bachmann lese, die Dokumentation einer «Herzzeit», die immer wieder zur Schmerzzeit wird. Diese Liebesbriefe offenbaren eine überaus schwierige Beziehung zwischen zwei Menschen, die nicht zueinanderfinden, aber auch nicht voneinander lassen können. «Es ist ein Schreiben und ein Schweigen zwischen zwei Menschen, die sich ihrer Liebe vor allem in Erinnerung vergewissern», schreibt die «Neue Zürcher Zeitung» in ihrer Rezension des Buches.[58] Ich habe hier in der Klinik begonnen, Briefwechsel zu lesen. Sie sind eine besondere literarische Form der Erinnerung an die Lebenserzählung zweier Menschen, die über weite Strecken verflochten, zuweilen auch unterbrochen war.

Sich in Erinnerung vergewissern. Darüber denke ich

auch angesichts dieses wunderbaren, mitreißenden und mitleiden lassenden Briefwechsels zwischen Paul Celan und Ingeborg Bachmann nach. Was in diesen Briefen steht, erhellt nicht nur die Beziehung zwischen zwei Dichtern und sehr unterschiedlichen Persönlichkeiten. Es beleuchtet auch das Schreiben und Werk der beiden noch einmal anders – als Ausdruck des Liebens und Leidens am anderen in persönlichen und politischen Fragen. 2023 sollten die Briefe eigentlich erst freigegeben werden, jetzt liegen sie vor uns als Lesern und Zeugen eines Dialogs, der zuweilen so intim ist, dass man beim Weiterlesen den Atem anhält und sich fast als Voyeur fühlt. Aber man möchte lesen. Man möchte verstehen. Und dafür ist es so gut und so notwendig, dass diese Briefe dokumentiert sind.

Versetzen wir uns einmal einige Jahrzehnte in die Zukunft. Was wird dann sein mit solchen Wortketten, die zwischen Menschen geknüpft wurden, die aber in der Jetztzeit noch nicht als das erkannt werden können, was sie später einmal werden? Dann möchten wir auch in der Lage sein, nachzulesen und mehr zu verstehen.

Wird das möglich sein? Werden solche Dialoge, solche lebenslangen Briefwechsel dann noch erhalten sein in Zeiten der digitalisierten Kommunikation? Werden Menschen daran denken, ihre Briefwechsel über E-Mails auszudrucken (antizipierend, dass sie Bedeutung haben oder erlangen könnten, oder einfach um sie zu behalten und selbst nachlesen zu können)? Werden wir Möglichkeiten der elektronischen Speicherung entwickeln, die das Problem der Vergänglichkeit digitaler Trägermedien lösen? Werden wir wollen, dass Google nicht nur die Bibliotheksbestände und Zeitungsarchive dieser Welt digitalisiert, sondern auch unsere persönliche Korrespondenz, damit sie erhalten bleibt? Ich weiß es nicht. Aber es wäre einfach traurig, wenn es solche Bücher wie «Herzzeit» in Zukunft nicht mehr gäbe, weil die Worte im Digitalen verschwunden sind.

«Wer bin ich für Dich, wer nach so viel Jahren? Ein Phantom, oder eine Wirklichkeit, die einem Phantom nicht mehr entspricht?», fragt Ingeborg Bachmann Paul Celan in einem der späteren Briefe.[59] Die Antwort gibt der Briefwechsel selbst. Die Beziehung der beiden wäre ein Phantom geblieben, wäre das Schriftliche nicht dokumentiert. Ohne solche Dokumente wird es künftig schwieriger werden, zwischen Phantom und Wirklichkeit zu unterscheiden.

«Das darf nicht sein, dass Du und ich einander noch einmal verfehlen, es würde mich vernichten», bekennt Bachmann gegenüber dem Geliebten in einem anderen Brief.[60] Dieser Satz beschreibt die Beziehung der beiden ebenso wie die Beziehung zwischen dem Erlebten und seiner literarischen Dokumentation. Sollten diese beiden Dimensionen sich künftig verfehlen, wird eine Form der historischen Interpretation vernichtet. Sie würde uns fehlen.

Dieser Briefwechsel hat mich zum Briefeschreiben zurückgebracht. Und er ist mir in meinen Gedanken präsent in jedem Brief, den ich hier in der Klinik schreibe und empfange. Ich werde all diese Briefe aufbewahren, die ich bekommen habe, denn ich weiß, wie sehr ich mich über jeden einzelnen von ihnen gefreut habe. Es ist immer derselbe Moment, der zwischen Freude und Enttäuschung mäandert, wenn die Patientinnen und Patienten morgens nach der Versammlung im Kaminzimmer an die Wand neben der Rezeption mit den vielen kleinen Briefkästen wandern und jeder Einzelne hofft, es möge sich etwas im eigenen Briefkasten befinden, ein Brief, eine kleine Nachricht. Oder sogar ein Zettel, der einen bittet, die Rezeption zu kontaktieren, weil die Post, die dort auf einen wartet, zu groß für den kleinen Briefkasten ist. Und in jedem Gesicht ist sofort abzulesen, ob die Augen etwas in dem Briefkasten erblicken. Sie strahlen, wenn dort etwas liegt, und sie verschatten, wenn das nicht der Fall ist.

Auf die Briefe, die ich hier bekomme, antworte ich auch handschriftlich. Und es ist faszinierend, welche Wirkung das hat. Die Adressaten melden sich wieder. Sie schreiben, wie schön es ist, einen handgeschriebenen Brief zu bekommen (so wie ich Gleiches in meinem Brief geschrieben habe), wie sie sich über diese besondere Form der Kommunikation, diese persönliche Ansprache freuen, die sich in der Mühe der handschriftlichen Verfertigung des Briefes ausdrückt. Ich empfinde das ebenso, nicht erst hier in der Klinik.

Mir wird klar, dass ich nur noch sehr wenig Post bekomme, das meiste läuft heute über E-Mails. Aber wenn etwas Handgeschriebenes dabei ist, kann der Absender sicher sein, dass ich es sorgfältig lesen werde. Der handschriftliche Brief ist in Zeiten der fast durchgängig elektronisierten und digitalisierten Kommunikation, die längst auch das Private durchdrungen hat, ein Unterscheidungsmerkmal. Es signalisiert, dass der Absender sich Mühe gemacht hat, dass er eine persönliche Ansprache gewählt hat, die seine Nachricht von den vielen täglich eingehenden unterscheiden soll. Wer sich im täglichen Kommunikationsstrom differenzieren will, der kann die handschriftliche Nachricht nutzen, es wird mit großer Sicherheit zum Erfolg führen.

Ich muss lernen, wieder Briefe zu schreiben. Und ich muss neu lernen, mit dem Brief als Medium umzugehen. Wann kommt es heute noch vor, dass ich eine Nachricht sende, die erst Tage später beim Empfänger ankommt? Und wie viele Zwischenmeldungen können dazwischen das im Brief Geschriebene durchkreuzen und überholen? Das ist schwierig. Es fordert meine Geduld, in Briefen zu kommunizieren. Es fordert das, was ich nicht habe, aber wieder haben möchte. Gerade in der Kommunikation zwischen Partnern und Liebenden ist der Brief längst durch die schnelleren Kommunikationsmedien wie E-Mail und SMS abgelöst worden. Für viele Menschen, Verliebte zum Beispiel, ist das wunderbar, weil die Nachrichten hin- und herfliegen und sie nicht lange auf Antwort warten müssen, wie es der «brieftypische Phasenverzug»[61] nun mal mit sich bringt. Aber manchmal hat genau dieser Verzug etwas Gutes.

Ich habe nachgedacht, was ich schreiben möchte und ob das, was ich schreibe, auch nach drei Tagen noch gültig ist, wenn der Brief beim Empfänger ankommt. Und ich muss die Geduld haben, eine Antwort zu erwarten, die nicht aus der spontanen Reaktion per SMS besteht, sondern in die Überlegungen eingeflossen sind, die auch länger als einige Stunden gültig sind. Manchmal führt das dazu, dass ich sanfter schreibe, ruhiger, weniger aus dem emotionalen Moment heraus getrieben. Und wenn der andere dann dasselbe tut, dann lassen sich Konflikte ganz anders ansprechen, lässt sich eine andere Tiefe und Nähe erreichen als die, die aus der spontanen digitalen Vergewisserungskommunikation heraus oft entsteht und ebenso flüchtig ist wie die Nachricht schnell.

Ich kann hier nicht mailen. Zwar gibt es ein öffentliches Computerterminal in der Lobby, aber das ist ständig besetzt. Und ich habe auch keine Lust, dort private E-Mails zu schreiben, wenn andere Menschen mir über die Schulter schauen können. SMS schicken kann ich schon. Zwischendurch. Zwischen den Untersuchungen, Gesprächen, Meditationen ... Ob das so gedacht ist? Vermutlich nicht. Aber ich mache es trotzdem gelegentlich. Viel weniger als sonst, aber ganz verzichten, das ist schwer. In diesen beiden Tagen geht nicht mal das. Das Handy ist tabu. Also schreibe ich weiter wie wild meine Erfahrungen nieder und zwischendurch einen Brief, um nicht vollständig dem Wahn der ununterbrochenen Selbstreflexion zu verfallen.

Manche der Briefe, die ich hier geschrieben habe, habe ich kopiert. Einfach für mich, an einem alten Kopierer in einem Schreibwarengeschäft im Nachbardorf. Ich möchte sie behalten, um sie nachlesen zu können. Denn auch das ist anders beim handgeschriebenen Brief im Vergleich zur E-Mail: Es gibt ihn nur einmal. Er ist ein Werk, manchmal ein Kunstwerk, das, einmal abgeschickt, für den Absender unreproduzierbar ist. Das Unikat in Zeiten unendlicher digitaler Multiplizierbarkeit.

Für Archivierungsfetischisten, wie ich einer bin, ist das ganz schrecklich: etwas loszuschicken, und dann ist es weg. Vor allem bei Geschriebenem und Gedrucktem kann ich das ganz schlecht aushalten. Deshalb sammle ich. Auf meinem Schreibtisch im Büro und an verschiedenen Orten in meiner Wohnung entstehen kleinere oder größere Papierhäufchen, die nach Themen sortiert sind. Was ich lese und im Zusammenhang mit einem der Themen, die mich gerade beschäftigen, für wichtig halte, wandert auf diese Stapel, die folglich wachsen und wachsen.

Ich habe mich immer wieder gefragt, ob es nur die Sammelwut ist, die sich darin ausdrückt, ein vermessener Hang zum Perfektionismus und zur Vollständigkeit, als könnte und müsste ich alles zu allen Themen wissen und vorhalten.

Ich glaube, es ist etwas anderes. Ich lebe in diesen Papierstapeln von Briefen, Zeitungsausschnitten, Bildern, Artikeln und wissenschaftlichen Aufsätzen. Die strukturierte Unordnung oder umgekehrt: das geordnete Chaos, die aus diesen Materialien entstehen, spiegeln die Texturen meines Lebens und Denkens. Und sie sind Ergebnis eines unendlichen dialektischen Prozesses aus Beginnen und Abschließen, Sammeln und Entsorgen, Verwerten und Verwerfen, Vollenden und Weiterentwickeln.

Ich lebe in einer permanenten Auseinandersetzung zwischen dem, was ich lese, und meinen eigenen Gedanken. Es ist ein nie endender, immer wieder durch neue Impulse gespeister Prozess, in dem die Texte, die ich dann aufbewahre, obwohl ich sie doch gelesen und ihr Argument aufgesogen habe, eine Spiegelfunktion haben. Nicht nur im intellektuellen Sinne. Sie spiegeln die Gedanken, die ich daraus entwickelt habe, und die Augenblicke, in denen diese entstanden sind. Die Texte spiegeln Momente meiner gedanklichen und realen Lebenswelt. Sie sind wie geschriebene Schnappschüsse meines Lebens. Also behalte ich sie und ordne sie ein, nicht in ein Album, sondern in einen Themenzusammenhang, auf den ich immer wieder zurückkommen kann. Und dann erinnere ich mich nicht nur an den Gedanken, den ich daraus entwickelt habe, sondern auch an den Moment, in dem er entstanden ist.

Ich erinnere mich daran, welches Buch ich geschrieben habe, als ich mich verliebt habe, welchen Absatz welches Kapitels, als wir uns endlich getroffen haben. Ich erinnere mich, welches Blogposting ich geschrieben habe, als ich im Zug von Köln nach Leipzig saß, einen Kamillentee trank und meine Sitznachbarin vom Schaffner in die zweite Klasse verfrachtet wurde, weil sie die falsche Fahrkarte hatte. Mir war kalt, weil ich traurig war. Ich erinnere mich an das Gefühl, nicht nur an die Situation. Ich erinnere mich, wie ich in einem Hotel in Frankfurt einen Essay über die vielen kleinen Diederich Heßlings in Deutschland schrieb, in einem schrecklichen, altertümlich eingerichteten Zimmer. Wie ich mit meinem kleinen Reisewasserkocher immer wieder Wasser heiß machte, um gegen die Bauchschmerzen anzutrinken.

Zu all diesen Artikeln und vielen mehr gibt es Stapel. Stapel mit Texten, die ich gelesen habe, verarbeitet habe in einem neuen Text, der Gedanken und Situationen spiegelt, im Moment seiner Entstehung und als Erinnerung an diesen Moment. Mein Leben ist eine lange offene Erzählung. Um jedes Wort rankt sich eine kleine Erfahrungs- und Lebenswelt, die mit dem Text fortgeschrieben wird. Ich möchte diese Welten für mich und in mir behalten, also behalte ich die Texte. Und manchmal liest ein anderer Mensch etwas davon, denkt über einen kleinen Bruchteil davon nach. Dann entsteht ein Gespräch, ein gemeinsames Nach- und Weiterdenken. Das sind die schönsten Momente, in denen ein Text nicht nur ein Bild von mir selbst, sondern auch eines des anderen entstehen lässt. Die Texturen unserer sozialen Beziehungswelten.

Es ist gleich fünf. Der Nebel ist unsichtbar geworden, weil die Dunkelheit ihn verschluckt hat. Ich muss eine Schreibpause einlegen, meine Hand ist lahm, sie krampft bei jedem Buchstaben. Ich werde mich ein wenig ans Fenster setzen und in die Dunkelheit starren. Vielleicht entdecke ich etwas Helles in all dem Dunklen. Vielleicht wird das der Lichtblitz für eine neue Idee sein. Die schreibe ich dann auf.

LIEBES LEBEN

Es ist kurz vor vier. Ich habe noch nicht geschlafen. Ich bin in dieser Nacht gar nicht müde. Ich warte, aber ohne Ziel. Ich warte nicht einmal auf den Morgen, an dem ich wieder aus meinem Zimmer heraus- und in die Klinikwelt eintreten darf. Auf den Augenblick, in dem mein medizinischer Stubenarrest zu Ende geht. Ich warte einfach in Ruhe mit mir selbst. Und ich schreibe. Noch einen letzten Brief für heute. Einen Brief an mein Leben.

Ich hatte hier viel Zeit zum Nachdenken, mich zu erinnern. Ich weiß noch genau, wie ich Dich zum ersten Mal bewusst wahrgenommen habe. Ich war gleich von Dir angezogen. Ich fand Dich wunderbar in Deiner Freiheit, Deiner Ungezwungenheit, den vielfältigen Seiten, die Du mir nach und nach offenbart hast. Ich glaube, ich habe mich gleich in Dich verliebt. Unbewusst zunächst, ohne es zu wissen und zu reflektieren. Aber heute weiß ich: Es war so.

Dennoch habe ich versucht, Dich zu verbiegen, immer wieder. Und wenn das nicht gelang, dann habe ich mich verbogen, so lange, bis ich in einen Entwurf von Dir hineingepasst habe, den andere gemacht hatten, nicht aber ich. Manchmal habe ich auch selbst Hand angelegt. Dann habe ich Dich so lange geformt, bis ich glaubte, Du passtest in die Welt. Ob Du dann noch zu mir gepasst hast, war eine Frage, über die ich nicht viel nachgedacht habe. Ich habe die Wirklichkeit notfalls so lange geschminkt, bis sie meiner Sehnsucht entsprach. Heute empfinde ich die Farben und Bilder, die dann entstanden sind, als sehr grell und unnatürlich.

Ich habe Dich bislang vor allem als Kommunikationsfunktion begriffen – als einen langen Prozess, der über viele verschiedene, kleinere und größere Stufen von einem Problem zu einer Lösung verläuft. Im Sprechen, Schreiben, Verhandeln bin ich diesen Weg gegangen. Ich nehme jede sich mir bietende Abzweigung und jedes Hilfsmittel wahr, die mich auf dem Weg schneller ans Ziel bringen könnten.

Ich habe mir eine Lebensgeschichte ersimst, habe Lebensabschnitte als Attachments in die Welt geschickt, Tagesabläufe und Lebensjahre in Outlook geplant und organisiert, bin in mir selbst herumgesurft, manchmal, ganz selten plan- und ziellos, viel zu selten. Und oft geschah das unter der Autosuggestion, dies sei eine sinnvolle und notwendige Ich-Recherche, ein Weg zum Ziel, der Bestandteile zutage fördert, mit denen ich dann mich selbst und auch Dich besser erkennen und entwickeln könne.

Du hast in mir ohne Unterlass geblinkt und gebrummt und geklingelt. Du wolltest Aufmerksamkeit, wahre Aufmerksamkeit. Ich habe immer reagiert, abgenommen, versucht, die richtigen Tasten zu drücken, dabei auf die Zeit geachtet und darauf, dass ich niemanden enttäusche durch das, was ich nicht schaffen oder was nicht gelingen kann. Dabei habe ich immer nur Deine Benutzeroberflächen berührt, hinter denen Du selbst verborgen bliebst. Ich kenne Deine Geräusche, Deine Gerüche, Deine Farben und Formen, die Wärme Deiner Betriebsam-

keit, Deine kleinen Botschaften und Informationsströme. Ich habe Deine Benutzeroberflächen verstanden, aber nicht Dein Betriebssystem. Ich habe nie gefragt, was Dich wirklich im Innersten antreibt.

Wir haben über vierzig Jahre oft aneinander vorbeigelebt, obwohl wir zusammen gewohnt, gelernt, getanzt, gefeiert, geweint und gelacht haben. Aber ich wusste nie wirklich, wie es Dir geht und warum Du weinst oder lachst. Wusstest Du das bei mir? Ich glaube, Du hättest es gerne gewusst. Aber ich habe so perfekt gelernt, mich vor Dir zu verstecken, vor Dir, wo Du doch um mich herum bist immerfort und ich Dir gar nicht entkommen kann. Ich bin Dir in mir selbst entkommen, indem ich mich so weit in mich zurückgezogen habe, dass Du denken musstest, ich sei tatsächlich die Hülle, die Du noch erkennen konntest.

Ich habe Dich nie verlassen, das ist wahr. Du bist mein Leben. Ich war bei Dir. Jede Sekunde jeder Minute jeder Stunde jedes Tages jeder Woche jedes Monats jedes Jahres. Ich war bei Dir. Aber ich war nicht in Dir. Ich habe Dich zu einem folgenreich folgenlosen Leben gemacht. Und dann kam der Punkt, an dem ich nicht mehr wusste, was Du mir bedeutest und ob ich Dir etwas bedeute. Ich konnte es einfach nicht mehr fassen, dieses Band, von dem ich glaubte, es sei untrennbar verbindend zwischen uns. Es war zu einer Leine geworden, einem Voltigierseil, an dem wir uns gegenseitig durch eine Manege und einen Weg entlanggezerrt haben, den keiner von uns wirklich gehen wollte. Ich habe nicht einmal mehr erkennen können, wohin dieser Weg führt. Fragen wollte ich Dich nach dem möglichen Ziel, aber ich habe mich nicht getraut. Du wirktest so gefestigt und sicher eingebettet in einer Welt, zu der Du auffällig unauffällig gehören konntest.

LIEBES LEBEN

Manchmal denke ich, ich war zwischenzeitlich sehr weit weg von Dir. Aber ich habe immer an Dich gedacht. Und ich habe Dich so sehr vermisst. Vor einigen Monaten habe ich dann bei Dir angeklopft und gefragt, ob ich wieder hereinkommen könne, einmal wirklich eintreten in Deine Welt. In diesem Moment habe ich begonnen, diesen Brief an Dich zu schreiben. Nicht als Bewerbungsbrief, damit Du mich zum weiteren Verfahren zulässt, sondern als eine verlangsamte kommunikative Annäherung an eine gestörte Beziehung. Ich habe mit der Hand geschrieben, ganz aus mir selbst heraus, so wie ich es gerne auch von Dir lesen würde. «Liebes Leben», habe ich Dir geschrieben, «komm zurück zu mir und lass mich zu. Ich werde Dich auch zulassen, denn ich vermisse Dich so. Und nimm Dir die Zeit, die Du brauchst. Es gibt genug davon. Ich will sie mir auch nehmen, will es zumindest zum ersten Mal ernsthaft versuchen. Du fehlst mir so in all dem, was ich bislang getan habe.»

*«Öffnet euer Herz.
Wenn es verschlossen ist,
könnt ihr lange warten.»*
SCHWESTER ELISABETH

ANMERKUNGEN

1 Miriam Meckel: Das Glück der Unerreichbarkeit. Wege aus der Kommunikationsfalle. Hamburg 2007.
2 Alfred Korzybski: Science and Sanity. New York 1933.
3 Niklas Luhmann: Was ist Kommunikation? In: F. B. Simon (Hrsg.): Lebende Systeme. Wirklichkeitskonstruktionen in der systemischen Therapie. Frankfurt/Main 1997, S. 19–31.
4 Gregory Bateson: Geist und Natur. Eine notwendige Einheit. Frankfurt/Main 2002, S. 122 f.
5 George Spencer Brown: Gesetze der Form. Lübeck 1997, S. 3.
6 Terry Eagleton: Der Sinn des Lebens. Berlin 2008, S. 95.
7 Original: «The shock of it will register – Nowhere but where it will occur.» John Updike: Endpoint and Other Poems. New York 2009. Deutsche Übersetzung nach: John Updike: Endpunkt und andere Gedichte. Reinbek bei Hamburg 2009, S. 105.
8 Sebastian Beck: Die Müdigkeit der Rastlosen. In: Süddeutsche Zeitung v. 14./15. 3. 2009.
9 Thomas Mann: Buddenbrooks. Verfall einer Familie. Frankfurt/Main 1989, S. 614 f.
10 Matthias Burisch: Das Burnout-Syndrom. Theorie der inneren Erschöpfung. Heidelberg 2006.
11 Alain Ehrenberg: Das erschöpfte Selbst. Depression und Gesellschaft in der Gegenwart. Frankfurt/Main 2008.
12 Ebenda, S. 272.
13 Juli Zeh: Corpus Delicti. Ein Prozess. Frankfurt/Main 2009, S. 181.
14 Peter Sloterdijk: Du musst dein Leben ändern. Über Anthropotechnik. Frankfurt/Main 2009, S. 394.
15 Gerti Schön: Folterszenen im US-Fernsehen. Die Brutalität in der TV-Serie «24» beschäftigt die amerikanische Presse, das Militär und Menschenrechtsorganisationen. In: Die Welt v. 19. 2. 2007.
16 Thomas Mann: Der Zauberberg. Frankfurt/Main 2008, S. 188.
17 Joshua Wolf Shenk: What makes us happy? In: Atlantik Monthly, June 2009, S. 36–53.

18 Robert D. Putnam: Bowling alone. The Collapse and Revival of American Community. New York 2001.
19 Terry Eagleton: Der Sinn des Lebens. Berlin 2008.
20 Die Harzing-Liste ist eine von Anne-Wil Harzing herausgegebene Liste wichtiger wissenschaftlicher Journals, die einem hohen Qualitätsstandard unterliegen (Peer Review) und in denen man im Laufe einer wissenschaftlichen Karriere möglichst häufig publizieren sollte. (www.harzing.com)
21 Terry Eagleton, a.a.O., S. 31.
22 Douglas Adams: Per Anhalter durch die Galaxis. München 1998.
23 Axel Ockenfels: Fairness, Reziprozität und Eigennutz: Ökonomische Theorie und experimentelle Evidenz. Tübingen 1999.
24 Dan Ariely: Denken hilft zwar, nützt aber nichts. Warum wir immer wieder unvernünftige Entscheidungen treffen. München 2008.
25 Eugene O'Kelly: Chasing Daylight: How my forthcoming death transformed my life. New York 2005.
26 Joan Didion: Das Jahr magischen Denkens. Berlin 2006, S. 7.
27 Sigmund Freud: Trauer und Melancholie. In: Das große Sigmund Freud Lesebuch. Schriften aus vier Jahrzehnten. Frankfurt/Main 2009, S. 298.
28 Max Scheler: Tod und Fortleben. Gesammelte Werke, Band 10, Schriften aus dem Nachlass, Band 1. Bern 1957.
29 Verena Kast: Trauern. Phasen und Chancen des psychischen Prozesses. Stuttgart 2008, S. 81 und 155.
30 Joan Didion, a.a.O., S. 11f.
31 Niklas Luhmann: Die Gesellschaft der Gesellschaft. Frankfurt/Main 1997, S. 101f.
32 Martin Buchholz: Da sitzt das kalte Herz! In: Die Zeit v. 21.8.2003.
33 Paul Watzlawick, Janet H. Beavin, Don D. Jackson: Menschliche Kommunikation. Formen, Störungen, Paradoxien. Bern 1969, S. 38.
34 Ebenda, S. 36.
35 Wilhelm Genazino: Das Glück in glücksfernen Zeiten. München 2009, S. 127f.
36 George Steiner: «Eine gute Lektüre ist ein Dank an den Text.» Ein Gespräch mit George Steiner über die Moral des Verstehens, die Amoral des Schreibens und die Angst vor einem neuen Antisemitismus. In: Neue Zürcher Zeitung v. 18./19.4.2009, S. B4.
37 Herta Müller: Der Fuchs war immer schon der Jäger. Frankfurt/Main 2009, S. 141.
38 http://www.spiegel.de/wirtschaft/0,1518,543431,00.html v. 26.3.2008.
39 «Lidl bemüht sich». Schuften für den Discounter: Nur langsam lässt der Druck auf die Beschäftigten in den Filialen nach. In: Süddeutsche Zeitung v. 6.2.2009, S. 19.

40 Günter Wallraff: In Mehdorns Diensten. In: Die Zeit v. 23.4.2009, S. 18.
41 Economist 10/2009, S. 68.
42 Wolf Lotter: Der Kompass. Veränderung braucht Identität. Und die kommt nicht von allein. In: brand eins 6/2009, S. 46.
43 Stefan Ulrich: Die fürchterliche Welt der Amélie. In: Süddeutsche Zeitung v. 30.10.2009, S. 3.
44 Ralf Wiegand: Leben ohne Fluchttüren. In: Süddeutsche Zeitung v. 13.11.2009, S. 4.
45 Der Spiegel v. 16.2.2009, S. 91.
46 Süddeutsche Zeitung v. 13.2.2009, S. 1.
47 http://www.techcrunch.com/2008/07/15/how-many-of-our-startup-executives-are-hopped-up-on-provigil v. 15.7.2008.
48 Frederick W. Taylor: The Principles of Scientific Management. New York, London 1911.
49 Chester I. Barnard: The functions of the executive. Cambridge/MA 1938, S. 73, 83.
50 Fritz B. Simon: Einführung in Systemtheorie und Konstruktivismus. Heidelberg 2008, S. 85 ff.
51 Niklas Luhmann: Organisation und Entscheidung. Frankfurt/Main 2000, S. 90 f.
52 NZZ Folio, Januar 2009, S. 53.
53 Jeffrey Goldberg: What now? In: Atlantic Monthly, May 2009, S. 39.
54 Übersetzung MM:
«Du glaubst, ein Vermittlungsgeschäft sollte etwas sein, wo du einen Preis für eine faire und ausgewogene Beratung bezahlst, nicht wahr?»
«Ja», sagte ich.
«Das ist falsch. Und es war auch nie so. Wall Street ist ein Ort, an dem alles verkauft wird, was irgendwie verkauft werden kann. Du bist der Konsument für das, was sie anbieten. Und was sie dir verkaufen können, das verkaufen sie dir.»
«Aber sie haben uns gesagt ...»
«Sie haben gelogen.»
«Du darfst entmutigt und enttäuscht sein. Aber verarsch dich nicht selbst. Du bist ein naiver Kapitalist. Sie waren niemals deine Ratgeber. Denk nicht für einen Moment daran, eine Brokerfirma sei dein Freund.»
«Wer ist denn dann mein Freund?»
«Du hast keinen. So ist der Markt.»
55 Dieter Thomä: Rede und Antwort stehen. Die Finanzkrise lässt sich auch als Verantwortungskrise begreifen. In: Neue Zürcher Zeitung v. 24.6.2009, S. 41.
56 Ebenda.

57 Ingeborg Bachmann, Paul Celan: Herzzeit. Briefwechsel. Frankfurt/Main 2008.
58 Paul Jandl: Sie sagten sich Helles und Dunkles. In: Neue Zürcher Zeitung v. 30. 8. 2008.
59 Ingeborg Bachmann, Paul Celan, a. a. O., S. 153 f.
60 Ebenda, S. 129.
61 Peter Bürgel: Der Privatbrief. Entwurf eines heuristischen Modells. In: Deutsche Vierteljahresschrift für Literaturwissenschaft und Geistesgeschichte, Vol. 50, 1976, S. 288.